L'ARRONDISSEMENT
DE
LOUVIERS

PENDANT
LA GUERRE DE 1870-1871

> Il faut que chacun apporte sa note au concert des malédictions ; on pourra faire alors la légende de la terrible invasion.
>
> Gustave NADAUD.

ÉVREUX
A. BLOT, LIBRAIRE-ÉDITEUR
RUES GRANDE ET CHARTRAINE

1873

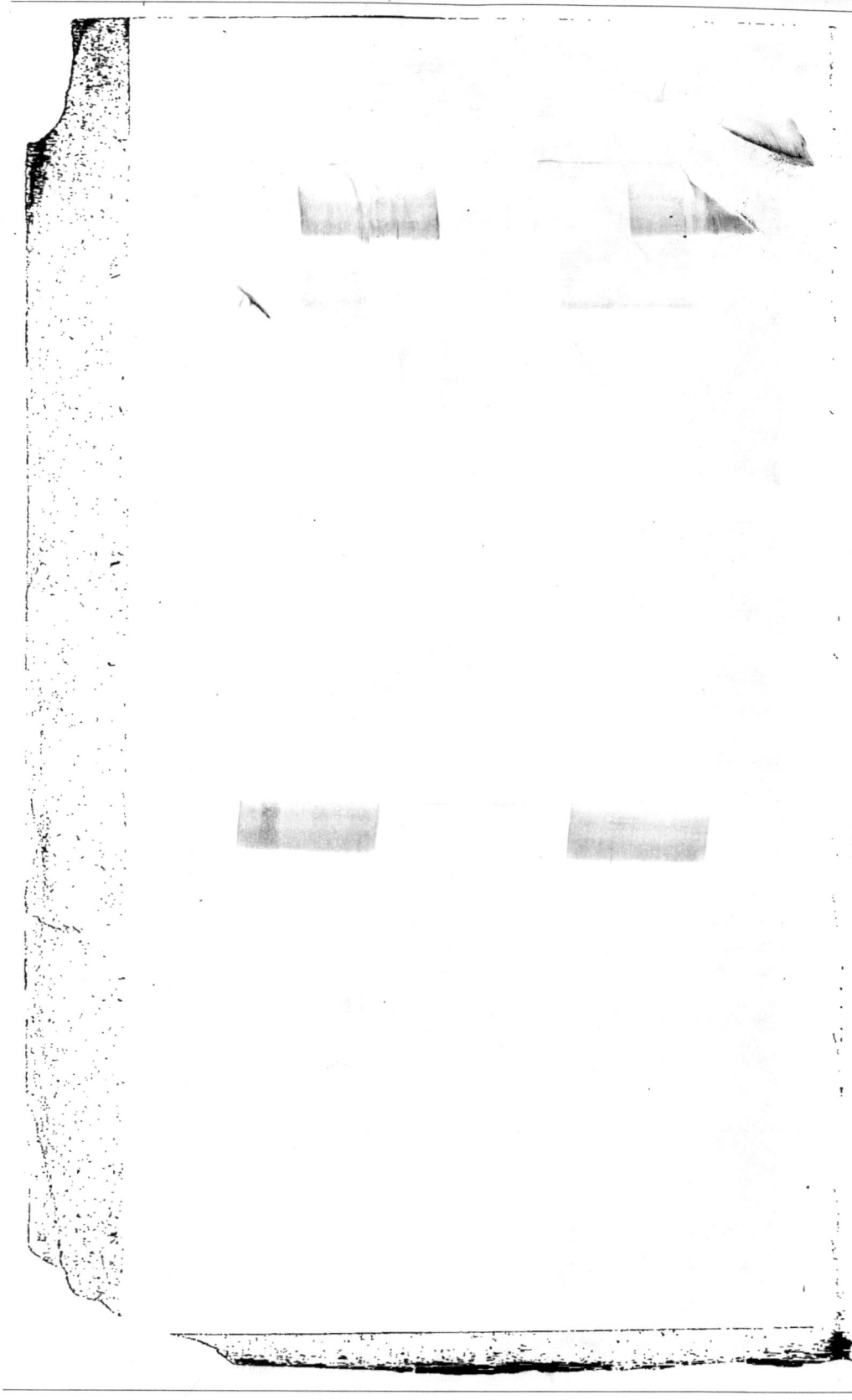

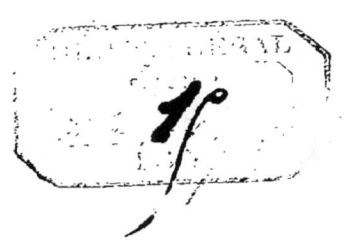

L'ARRONDISSEMENT

DE

LOUVIERS

PENDANT

LA GUERRE DE 1870-1871

L'ARRONDISSEMENT
DE
LOUVIERS

PENDANT

LA GUERRE DE 1870-1871

Il faut que chacun apporte sa note au concert des malédictions ; on pourra faire alors la légende de la terrible invasion.

Gustave NADAUD.

ÉVREUX

IMPRIMERIE DE A. HÉRISSEY

1873

AVERTISSEMENT

En composant ce petit recueil, je n'ai été mû que par une seule pensée : ajouter un volume aux archives de nos mairies.

L'arrondissement de Louviers a subi l'occupation allemande, mais il n'a été le théâtre d'aucun engagement sérieux. Il ne s'agit donc point ici de récits militaires. Si j'ai touché à quelques-uns des événements de ce genre qui se sont passés sur nos frontières, c'est que l'arrondissement a fourni des éléments à la défense nationale, et que je ne devais pas omettre de les signaler. Mais ce que j'ai voulu surtout, c'est perpétuer le souvenir des sévices exercés par les Allemands. Nulle part, peut-être, ils n'ont trouvé, avec un défaut absolu de résistance, autant de facilités pour satisfaire leurs besoins et même leurs fantaisies. On leur donnait tout ce qu'ils demandaient; et c'est à peine si l'on peut signaler quelques coups de fusil à leur adresse. Malgré cela, il se sont montrés, comme partout, cruels, rapaces, insolents, pillards. Il faut que les administrateurs des communes se rappellent qu'ils ont été couchés en joue, frappés, insultés, traînés à la suite des détachements prussiens, alors même qu'ils faisaient l'impossible pour satisfaire à leurs réquisitions. Il faut que les populations n'oublient jamais leurs perpétuelles menaces d'incendier et de fusiller, pour la moindre pécadille, leurs exigences au foyer domestique, leur brutalité, leur gloutonnerie. Ce n'est pas assez d'entendre raconter les souffrances des autres; si horribles qu'elles soient, elles nous touchent moins que les maux, relativement légers, que nous avons endurés nous-mêmes.

Puissent les faits consignés dans ce petit livre, qui sont arrivés sous nos yeux, contribuer à entretenir dans ce pays l'amour du sol natal et la haine de l'étranger.

A. GÉFROTIN,

Licencié en droit, Secrétaire de la Sous-Préfecture de Louviers.

SOUVENIRS HISTORIQUES

Il faut remonter loin dans l'histoire de Louviers pour y retrouver les traces de la guerre étrangère.

D'abord ville ouverte, Louviers fut pillé une première fois, en 1340, par les Anglais, sous la conduite d'Édouard III, puis, une seconde fois, en 1356.

Les bourgeois d'alors qui virent ce que coûtaient de pareilles visites, se mirent à bâtir des murailles. En 1418, quoique les fortifications fussent loin d'être terminées, ils soutinrent contre Henri V un siége de vingt-six jours. Obligés de se rendre, après une vigoureuse résistance, ils éprouvèrent la cruauté du vainqueur ; 120 bourgeois, des plus notables, furent mis à mort et les autres se rachetèrent en payant une rançon de 15,000 écus.

C'est à partir de ce moment que les gens de Louviers, vraisemblablement aigris par de telles infortunes, se liguèrent en compagnies franches, commencèrent à courir le pays et à devenir redoutables à l'ennemi. Ils attirèrent surtout l'attention du duc de Bedfort par la prise du Château-Gaillard, qu'ils enlevèrent d'assaut sous la conduite d'Estienne de Vignolles, dit la Hire, en 1431.

Au mois de mai de la même année, ce duc vint investir la ville à la tête de 12,000 hommes. Le siége dura six mois et fut signalé par des combats très-meurtriers de part et d'autre. La Hire y fut fait prisonnier. Enfin, il fallut se rendre et, le 22 octobre, un traité fut signé par le duc de Bedfort pour le roi d'Angleterre et, pour les gens d'armes et bourgeois de Louviers, par Amador de Vignolles, Jean Sarrasin, Denis Leroux, Jean Legrand et Pierre Martel, quatre des principaux de la ville.

Peu de temps après, les Anglais, qui ressemblaient beaucoup aux Allemands d'à présent, crurent qu'il était de leur intérêt bien entendu de raser Louviers, ce qu'ils firent de telle façon « qu'à peine, dit un chroniqueur, « pouvait-on trouver un lieu entier pour se loger..., la « ville demeura comme abandonnée, et n'y demeura que « fort peu de pauvres gens, vieillards, malades et bles-« sés..., les autres s'en allèrent en vagabonds dans les « pays du roi de France, comme femmes, enfants et ceux « qui n'étaient point aguerris. Tous les autres avaient « pris les armes sous les capitaines Pothon de Xaintrailles, « la Hire, Amador de Vignolles, Salezar et autres... »

De telles épreuves portèrent leurs fruits. Non-seulement Louviers fut rebâti et fortifié de nouveau (1440), mais ses milices, aguerries et dirigées par des capitaines audacieux, se distinguèrent dans toutes les affaires contre les Anglais, et contribuèrent, pour une bonne part, à la délivrance de la Normandie. Évreux, Pont-de-l'Arche, Verneuil, Harcourt, les virent successivement entrer dans leurs murs. Dès 1441, une charte de Charles VII avait reconnu et récompensé les services de *sa bonne ville* de Louviers, par des priviléges vraiment exceptionnels, et dans des termes qui font le plus grand honneur aux sujets et au souverain. C'est à partir de ce moment que Louviers s'appela *Loviers-le-Franc*, « pour le plus grand signe et « mémoire de la loyauté » de ses habitants [1].

Ainsi, quelque triste que soit, à ses débuts, l'histoire guerrière de la ville de Louviers, on ne peut s'empêcher d'admirer comment, avec du courage et de la persévérance, ces bons bourgeois finirent par tenir tête à leurs

---

[1] Ce résumé est emprunté à l'*Histoire de Louviers* par M. Paul DIBON.

terribles ennemis et, en dernier lieu, par en avoir raison.

Et ce ne fut pas leur ville seulement qui en profita, ce fut encore et surtout le sol sacré de la patrie qu'ils contribuèrent à affranchir de la domination étrangère.

De nos jours, un semblable triomphe n'était pas réservé à leurs descendants.

Un pays industriel, accoutumé depuis plusieurs siècles aux douceurs de la paix, ne s'improvise pas guerrier du jour au lendemain. Il peut avoir de très-vives aspirations, de nobles élans ; mais, dans l'exécution, l'inhabileté d'une part, et les défaillances de l'autre, compromettent fatalement le succès. Telle est l'histoire de la France tout entière pendant la guerre de 1870-1871. Néanmoins, on doit une page et un souvenir aux efforts qui ont été tentés, sur chaque parcelle de notre territoire, pour retarder la marche de l'envahisseur. Notre pays, sous ce rapport, a payé sa dette à la patrie, et si ses enfants n'ont point eu, cette fois, le mérite du succès, beaucoup, en revanche, ont eu le mérite de la souffrance.

ÉMIGRATION DES POPULATIONS

des environs de Paris

Après Sedan, lorsqu'il ne fut plus possible de s'illusionner sur le siége de Paris, la terreur des Prussiens autant que les mesures militaires prises en vue de la défense, firent faire le vide aux environs de Paris, et tout un peuple, pour ainsi dire, émigra vers la Normandie. Un certain nombre de personnes se fixèrent temporairement à Louviers et aux environs. La ligne de l'Ouest, coupée la dernière, présenta, pendant quinze jours, le spectacle extraordinaire, inouï, d'un déménagement colossal. Les trains, en retard de deux heures, s'allongeaient indéfiniment pendant le trajet et semblaient péniblement remorqués par leurs locomotives. Les gares étaient encombrées de caisses gigantesques, de matelas empilés, de berceaux d'enfants et d'un assemblage innommé d'objets de toute sorte, comme en emportent ceux qui ne savent s'ils retourneront jamais. Des vieillards et des enfants gisaient sur des lits improvisés par terre, formés de couvertures ou de paquets de linge ; ils mangeaient ou sommeillaient en attendant le train ; personne, parmi les émigrants, ne parlait ; les petits enfants même oubliaient de rire ou de crier. Des dépêches télégraphiques expédiées tous les quarts d'heure indiquaient la marche du train tant redouté et néanmoins tant désiré. Il approchait, on se levait, des groupes s'embrassaient, des larmes silencieuses roulaient sur plus d'un visage de jeune femme ou de jeune fille; partout on se disait un adieu qui pouvait passer pour le dernier. Enfin, l'interminable file de wagons était en vue; les machines, comme surmenées, gémissaient et sifflaient à coups redoublés. La foule se précipitait vers les portières et voulait entrer, sans tenir compte des rares voyageurs qui descendaient. Les plus hardis escaladaient les voitures et s'installaient dessus, au risque d'être jetés sur la voie. — Ceux de l'intérieur, qui étaient quelquefois empilés les uns sur les autres, repoussaient les assaillants, criaient, hurlaient, tempêtaient. Les employés, aux abois, avaient beau avertir qu'on allait ajouter des voitures, le flot continuait de courir, éperdu, de wagon en wagon. Souvent on entendait des gémissements sourds, des cris étouffés de femmes ou d'enfants qui suffoquaient; mais, chose étrange, personne ne descendait, tant était grande la terreur qui chassait devant elle ces populations. Enfin, tant bien que mal, tout le monde était casé, et, au signal du départ, la machine s'ébranlait de nouveau pour aller vers une autre station recueillir d'autres épaves.

A la même époque, les routes étaient encombrées par l'émigration des campagnes. Des fermes entières étaient transportées sur des chariots. C'était un pêle-mêle navrant de chevaux, de moutons, de bœufs, d'ustensiles agricoles. De longues voitures, garnies de paille et recouvertes d'une bâche, donnaient asile au personnel de la ferme; les vieillards à l'œil terne, les femmes, les enfants, gisaient là; de temps en temps, les plus valides descendaient et se joignaient à la longue file des bestiaux, qui s'attardaient souvent et s'arrêtaient d'eux-mêmes, comme pour demander s'ils n'étaient pas bientôt arrivés. Un assez grand nombre de ces pauvres gens restèrent dans nos campagnes, où la sécurité qu'ils cherchaient leur manqua bientôt. Vers le mois de novembre, la plupart avaient consommé toutes leurs réserves en fourrages et épuisé leur argent. D'un autre côté, la saison des semailles étant venue, ils songeaient à leurs terres en chômage, et furent pris d'un violent désir de s'en retourner, au risque de tomber, corps et biens, entre les mains des Allemands. Le débonnaire roi Guillaume ne faisait-il pas publier, d'ailleurs, que protection serait accordée aux habitants des campagnes qui rentreraient dans leurs foyers?....

Ils affluèrent dans les bureaux des administrations, sollicitant, souvent les larmes aux yeux, des laisser-passer. Les instructions données par l'autorité à cet égard étaient inflexibles : il fallait rester. Les patrouilles dans les campagnes faisaient bonne garde, et arrêtaient sans pitié tous les convois de bestiaux qui paraissaient se diriger vers les pays tombés au pouvoir de l'ennemi. Ce ne fut que dans les premières semaines de l'occupation que ces gens purent retourner chez eux, sous la protection du vainqueur. Mais alors même ils durent rencontrer beaucoup d'obstacles; car la plupart des ponts étaient coupés, et ils furent contraints de faire des détours considérables, sans compter les déceptions de toutes sortes qui les attendaient en chemin, et le triste spectacle réservé à la plupart dans la vue de leurs fermes dévastées ou incendiées.

L'ARRONDISSEMENT
DE LOUVIERS
PENDANT
LA GUERRE DE 1870-1871

PREMIÈRE PARTIE

—

LA DÉFENSE NATIONALE

LA GARDE MOBILE

RÉUNION DU 1ᵉʳ BATAILLON DE L'EURE
A LOUVIERS

Le 12 août, le ministre de l'intérieur adressait aux préfets une dépêche dont le décousu trahissait les graves préoccupations du Gouvernement ; on y trouvait, entre autres, les passages suivants :

« De concert avec le ministre de la guerre, je vous charge de l'organisation des gardes mobiles, y compris la classe de 1869. Télégraphiez ou envoyez immédiatement ordonnance ou estafette dans chaque commune. Les maires annonceront centralisation immédiate des mobiles aux chefs-lieux de département ou d'arrondissement. Pourvoyez d'urgence à leur logement provisoire chez l'habitant... nous ne voulons que des hommes très-solides. — L'uniforme sera blouse bleue, ceinturon en cuir, avec galon rouge en croix sur la manche, sac en toile avec bretelles et un képi. Dites-moi si vous pouvez vous procurer ces effets chez vous en trois ou quatre jours (!)... Chaque homme se pourvoira de deux chemises et d'une paire de souliers... Exercez provisoirement avec fusils que *pompiers* prêteront volontiers. Action patriotique. 100 fusils peuvent exercer 100 hommes de cinq à sept heures du matin, 100 autres de sept à neuf, et ainsi de suite... Occupez-vous jour et nuit de cette organisation. »

En conséquence, la réunion à Louviers du 1er bataillon de l'Eure fut fixée au 16 août. Elle n'eut réellement lieu que le 18. Les hommes furent logés chez l'habitant, mesure coûteuse, mais qui était commandée par les circonstances. Il est à regretter qu'elle n'ait pas été prise à l'égard de tous les corps armés.

Il n'était pas aussi facile d'improviser l'équipement que paraissait se le figurer le ministre de la guerre. Les fusils manquaient complétement, et l'emprunt qu'on avait fait aux pompiers était loin d'être suffisant. Le premier rudiment d'uniforme que les hommes reçurent fut une blouse en toile écrue, avec pattes rouges. Lorsqu'ils parurent dans cet équipage, ils produisirent la plus pénible impression ; eux-mêmes semblaient tout décontenancés.

Le **31** août, M. Oscar de Vallée, conseiller d'État,

envoyé en mission extraordinaire dans le département de l'Eure pour hâter les préparatifs de la défense nationale, passa le bataillon en revue. Il fut enchanté de la belle tenue des hommes; mais il ne put admirer les armes, attendu qu'ils n'en avaient qu'un petit nombre. M. le conseiller parut *s'étonner* beaucoup de cette pénurie. La circulaire qu'il fit afficher débutait ainsi :

« Habitants de l'Eure,

« En arrivant au milieu de vous pour travailler de toutes mes forces, au moyen des pouvoirs qui me sont délégués, à l'armement de vos gardes nationales mobiles et sédentaires, *j'apprends avec douleur que vous n'avez pas d'armes*. Vous allez en avoir! Je ne quitterai pas Évreux sans que vous en ayez..... »

M. Oscar de Vallée était-il de bonne foi? On peut se le demander. Quoi qu'il en soit, sur ces entrefaites, le bataillon reçut 900 fusils à percussion en assez mauvais état. Il put les échanger plus tard contre des fusils dits à tabatière. Enfin, les vareuses vinrent à leur tour, puis les sacs, puis tout le reste. Il ne manquait à nos jeunes troupes, pour commencer à s'aguerrir, que de bivaquer à la belle étoile et de recevoir le baptême du feu. L'occasion ne tarda pas à se présenter.

Le 22 septembre, le bataillon quitta Louviers pour se rendre à Vernon, qui était menacé par les Prussiens. Pendant plus de deux mois que dura la campagne, tout le temps se passa pour ainsi dire en marches et contre-marches, entre Vernon, Gaillon et Louviers. La forêt de Bizy devint le point de repaire habituel de nos mobiles, le centre de leurs opérations. C'est là qu'ils mangent, quand ils ont de quoi manger, ce qui n'arrive pas avec toute la régularité désirable. C'est surtout là qu'ils couchent lorsque les Prussiens menacent leurs lignes de trop près, ou que les habitants des communes environnantes, hésitant entre amis et ennemis, se montrent peu disposés à leur accorder l'hospitalité.

Les fraîches nuits d'automne, qui les surprirent sans capotes et sans couvertures, ne tardèrent pas, malgré les gourbis et les feux de bivac, à faire plus de ravage parmi eux que les obus de l'ennemi. Tous ont conservé le souvenir de ces campements sous les chênes ou les châtaigniers, qui les initiaient si brutalement au pénible métier de la guerre, eux, pour la plupart des enfants de famille ou de cultivateurs aisés.

Il faut avouer qu'ils supportèrent ces épreuves avec courage; mais plus d'un, avant d'avoir vu les casques prussiens, s'en alla languir dans les hospices, ou même, devenu phthisique, reprit le chemin de la maison paternelle.

Peu d'épisodes militaires signalent cette première partie de la campagne, pendant laquelle nos mobiles ne font guère qu'éclairer le pays et appuyer les opérations plus sérieuses des francs-tireurs Mocquart et des bataillons de l'Ardèche.

Ce qui manquait surtout à ces jeunes troupes, c'était un commandement unique et vigoureux. Un moment on crut le trouver dans le chef d'escadron du 12e chasseurs, M. Sautelet (octobre). C'était un vrai militaire : il veillait lui-même au placement des grand'gardes, à l'installation des postes avancés, couchait à la caserne, comme le dernier des soldats, et ne s'endormait jamais avant de s'être assuré de l'entière exécution de ses ordres. Cette discipline, pénible au début, eut pour effet presque immédiat de rendre aux hommes la confiance qui commençait à les abandonner. Malheureusement, cette bonne fortune ne fut que passagère.

Un autre commandant, le colonel Mocquart, réunit, à la fin d'octobre, presque toutes les forces éparpillées, et faillit surprendre Mantes. « Ce fut,
« avec un entrain vraiment admirable, dit un mo-
« bile qui faisait partie de l'expédition, que l'on
« se rendit à un ordre du colonel Mocquart annon-
« çant l'attaque de Mantes pour le lendemain, 3 no-
« vembre, à quatre heures du matin.

« Deux colonnes de chacune 2,000 hommes de-
« vaient opérer, l'une à gauche par Cravent et les
« bois de Rosny, en avant de la Villeneuve-en-
« Chevrie, l'autre à droite, par Bueil et Bréval. On
« coucha sous la tente, sans vivres ni abri, au
« milieu des bois et des terres labourées. Mais ce
« plan ayant été éventé, les Prussiens quittèrent
« Mantes dans la nuit, et couronnèrent, avec de
« l'artillerie, les hauteurs voisines. Aussi, le lende-
« main matin, fut-on obligé, non sans regret, de
« rentrer dans ses cantonnements. »

A part de fréquentes rencontres avec les éclaireurs ennemis et des fusillades échangées, souvent à des portées fabuleuses, avec de petits ou de gros détachements, on atteignit le 19 novembre sans action sérieuse. Une nouvelle et plus décisive expédition sur Mantes était l'objet des méditations de l'état-major, lorsqu'un ordre de départ pour Conches vint brusquement arrêter toutes les opérations (20 novembre).

Le général de Kersalaün et le lieutenant-colonel d'Arjuzon venaient d'arriver à Gaillon, quittant Évreux, qu'un faible détachement de Prussiens essayait, en passant, d'enlever par un coup de main. Les mobiles se rendirent à pied à Gaillon, *où ils virent pour la première fois un de leurs généraux*, et, de là, le chemin de fer les transporta à Conches, par Elbeuf et Serquigny. Nous les y retrouverons bientôt. Mais, auparavant, il est impossible de ne pas dire un mot des mobiles de l'Ardèche et des francs-tireurs Mocquart. Ils ont laissé dans ce pays des souvenirs qui méritent d'être recueillis.

Le 20 septembre, le colonel Mocquart campait à Rouen, au Champ-de-Mars, avec les débris de ses deux bataillons, qui tenaient la campagne depuis plus d'un mois. Ils avaient été très-maltraités dans les environs de Sedan et sur les bords de la Meuse. Ils arrivaient de Mézières, au nombre de 700 à 800 hommes, pour contribuer à la défense du département de l'Eure. Ils étaient armés de chassepots et avaient une tournure tout à fait martiale. Nous les avons vus à Heudebouville, dans les premiers jours d'octobre; ils campèrent aussi dans la forêt de Pont-de-l'Arche, aux abords de cette ville.

Incontestablement, ils étaient braves; mais la

discipline laissait à désirer. Ils faisaient, comme on dit, feu de tout bois ; et les paysans, dans leur voisinage, avaient quelque mal à préserver leur basse-cour d'une main-mise qui n'était pas sans une vague analogie avec les procédés des Allemands. Au demeurant, les meilleurs compagnons du monde, un peu tapageurs, un peu gouailleurs, se grisant à l'occasion, en un mot, des enfants des faubourgs.

Leurs allures effarouchèrent un peu les gens de Louviers et de Pont-de-l'Arche, qui n'eurent pas assez de temps pour se familiariser avec eux.

Les mobiles de l'Ardèche, répartis en trois bataillons, concoururent à la défense du département dès le commencement d'octobre. Le lieutenant-colonel Thomas, qui les commandait, a laissé son nom à l'histoire de la Normandie. Ils étaient non-seulement pleins de bravoure et d'audace, mais encore ils se faisaient remarquer par une discipline et une sobriété peu communes.

Les éclaireurs Mocquart et les mobiles de l'Ardèche ont opéré de concert dans plus d'une circonstance mémorable. L'affaire d'Hécourt ou de Villegats, qui eut lieu le 22 octobre, est de ce nombre. Les Prussiens étaient incommodés, dans leurs excursions, par le voisinage des francs-tireurs, campés dans les bois d'Hécourt, au-dessous de Pacy. Ils préparèrent une expédition en règle pour les en déloger ; mais elle échoua complétement. Voici, du reste, le rapport du colonel Mocquart au général de Kersalaün, sur ce fait d'armes :

« Pacy, 22 octobre 1870, 10 h. 15 m., soir.

« Aujourd'hui à 11 heures, le camp du bois d'Hécourt a été attaqué par six pièces d'artillerie, six escadrons de cavalerie et deux bataillons d'infanterie, au moment où nous allions déboucher du bois pour faire une forte reconnaissance en deux colonnes. Après une canonnade de deux heures et une vive fusillade, l'ennemi fut successivement délogé de ses positions à Villegats, et, craignant d'être tourné, il cessa l'attaque pour songer à la retraite. Faute de cavalerie, la poursuite dut être abandonnée.

« Trois compagnies de l'Ardèche et la compagnie de Caen, qui marchaient avec nous, ont bien donné. Le bataillon de l'Eure a appuyé notre mouvement et repoussé de Chauffour les éclaireurs prussiens qui s'y présentaient. L'entrain des nôtres a été admirable. »

Dans cet engagement, nous avons eu 4 hommes tués et 12 blessés; parmi ces derniers se trouvait le commandant Guillaume qui dut subir l'amputation d'un bras. Les pertes de l'ennemi étaient d'environ 200 hommes tués ou blessés, dont un officier supérieur [1].

Un mois plus tard, les mobiles de l'Ardèche obtinrent, à eux seuls, un avantage signalé contre les Prussiens.

Le mouvement rétrograde, résultant des combinaisons stratégiques du général de Kersalaün, avait concentré à Gaillon, le 20 novembre, toutes les troupes qui se trouvaient sous ses ordres. Les Prussiens, qui n'attendaient qu'un moment favo-

[1] C'était le neveu du général de Falkenstein.

rable pour rentrer à Vernon, firent savoir, dès le 21, qu'ils y viendraient le lendemain. La défense, aux abois, avait fait appel au général Briant. Il y répondit par un envoi de troupes, et, le 21, ayant appris sa nomination au commandement de toutes les forces de l'Eure, il se rendit de sa personne à Louviers.

Le maire de Gaillon, M. Leblanc, voyait avec désespoir tout le pays abandonné aux Prussiens, comme le prouvent les dépêches suivantes, qui donnent la clef du combat de Bizy.

« Gaillon, 21 novembre, 1 h. 15 m., soir.

« Les mobiles qui n'ont pu partir par chemin de fer hier se sont dirigés ce matin sur Louviers. Plus de troupes à Gaillon ; plus rien non plus à Vernon. Nous ne tarderons pas à voir les Prussiens, et, s'ils viennent dans notre ville, ils ne tarderont pas à se rendre dans la vôtre. On ne peut nous sacrifier ainsi, et je vous prie instamment de faire en sorte qu'on rétablisse sans retard, ainsi que je vous l'ai demandé hier, une quantité suffisante de troupes pour arrêter l'ennemi du côté de Bizy, et du côté de Houlbec ; quatre bataillons de mobiles et deux pièces de canon suffiraient, j'en ai la conviction, pour garantir Vernon et la vallée de l'Eure. Vous savez sans doute que 200 Prussiens sont partis de Mantes avec du canon et qu'ils sont suivis de près par un nombre plus grand. Cette troupe paraît avoir l'intention de marcher sur Pacy.

« Je vais faire une trouée aujourd'hui, afin de rechercher les endroits les plus commodes pour recevoir des postes d'éclaireurs. Nous en organisons un à Beauchêne et l'autre au Goulet. Si l'on pouvait nous renvoyer le détachement du 94e pour le pont (du Petit-Andely), ce serait une bonne mesure. »

« Gaillon, 21 novembre 9 h., soir.

« Les derniers mobiles sont partis ce matin ; il n'en reste plus à Gaillon ; nous attendons les mobiles dont vous nous avez annoncé l'envoi dans votre dépêche de trois heures vingt-cinq minutes ; nous aurions préféré des troupes régulières. 150 cavaliers prussiens sont venus à Vernon à quatre heures. Ils ont annoncé pour demain l'arrivée de 500 hommes dans cette ville. Il est bien fâcheux qu'on ait dégarni Vernon, et qu'on n'y ait pas renvoyé immédiatement quelques bataillons. Les Prussiens ont demandé, en arrivant à Vernon, les mobilisés célibataires, et annoncé l'intention de faire la levée des hommes de 21 à 40 ans..... »

« Gaillon, 21 novembre, 10 h. 35 m., soir.

« Un exprès envoyé à Vernon annonce que les Prussiens, en sortant de la ville, ce soir, ont dit qu'ils reviendraient demain en grand nombre faire des réquisitions. Il a demandé, de la part du maire, si nous pourrions lui envoyer des troupes ; nous avons répondu négativement.

« Il serait indispensable qu'on dirigeât immédiatement quelques bataillons et du canon par chemin de fer à Vernon. Cette ville, bien garnie cette nuit, avant le retour des Prussiens, ne pourrait être occupée par eux. L'occasion de les empêcher de s'emparer de Vernon est favorable, et, si on la laisse échapper, elle ne se représentera pas. Les troupes que je demande pourraient être placées demain à Bizy et à Jeufosse. Les Prussiens se sont retirés à Bonnières et à Blaru. Nous n'avons reçu ce soir que 500 mobilisés d'Elbeuf. Quand viendront les autres ? Nous aimerions mieux des troupes régulières ; mais nous n'en avons pas besoin, si vous en envoyez à Vernon. »

Comme on le voit, le général Briant, à qui ces

dépêches étaient communiquées, n'eut que le mérite, déjà très-grand pour l'époque, de se rendre aux instances du maire de Gaillon et d'exécuter son plan à la lettre.

A onze heures du soir, un bataillon de l'Ardèche partait pour Gaillon et continuait sa route sur Vernon. Descendues à 2 kilomètres de cette ville, les troupes prirent position dans la forêt de Bizy. Une compagnie s'embusqua près des casernes. A huit heures du matin, 400 ou 500 Prussiens, venant de Blaru, arrivent en vue de Vernon. Quelques cavaliers pénètrent dans les rues. A l'hôtel de ville, où se trouve un poste de gardes nationaux, ils sont reçus à coups de fusil. On tire même des fenêtres. Les cavaliers ripostent et disparaissent. Bientôt surviennent infanterie et cavalerie. L'hôtel de ville est envahi, et des perquisitions minutieuses sont faites dans les bureaux et jusque chez le concierge.

Pendant ce temps, l'officier qui présidait à cette exploration recevait des informations qui paraissaient le contrarier vivement. En partant, il jugea à propos d'emmener deux conseillers municipaux de service, le secrétaire de la mairie et le concierge. Il les fit marcher en tête de la colonne, pour se garantir contre une attaque. Malgré toutes ces précautions, les Prussiens ne purent éviter le combat qui les attendait dans les bois de Bizy et de Gamilly. Les mobiles entrèrent dans la lutte avec ardeur. Au plus fort de l'action, le cheval du commandant de Montgolfier reçoit une balle en plein poitrail. Rendu fou par la douleur, l'animal est sur le point de se jeter au milieu des ennemis. Les mobiles s'élancent à la baïonnette et rien ne peut résister à leur impétuosité. Alors, le commandant démonté, s'empare du fusil d'un mobile et tue un capitaine de hussards, le comte Von Kleist-Bornstœdt. Les Prussiens couraient éperdus à travers les bois, et ce ne fut qu'au bout de deux heures qu'ils parvinrent à découvrir le seul passage qu'on avait oublié de garder. Ils en profitèrent, mais en abandonnant 14 fourgons attelés, chargés de toute espèce de munitions et d'objets provenant de pillage.

Il se produisit alors dans la population vernonaise un mouvement de joie délirante : hommes, femmes, enfants, tout le monde, indistinctement, se répand dans les bois et veut concourir à la capture ; on poursuit les Prussiens à coups de pierre, on s'attèle aux chariots, on s'empare des chevaux. C'est un élan indescriptible. (*Journal de Rouen* du 24 novembre.)

D'après le rapport du général Briant (23 novembre), l'ennemi avait eu 7 hommes tués, dont 1 officier, 40 blessés et 2 prisonniers. De notre côté, nous avions 2 morts et 2 blessés. Cependant le général n'était pas satisfait ; il regardait l'affaire comme manquée, et il disait tout haut : « Si l'on « avait suivi fidèlement mes instructions, on n'en « aurait pas laissé échapper un seul ! » C'était vrai, si les Prussiens n'avaient pas été mis sur leurs gardes par quelque coupable indiscrétion, et si les passages de la forêt avaient été interceptés avec plus de soin.

Le Gouvernement de Tours parla de cette affaire dans sa dépêche du 23 novembre, en ajoutant que nos troupes avaient repris l'*offensive*, ce que les journées suivantes se chargèrent effectivement de prouver, mais sans améliorer beaucoup l'état de nos affaires.

Par les soins du maire de Gaillon, les fourgons et les prisonniers, au nombre de quatre, furent envoyés à Louviers, sous bonne escorte, et de là dirigés sur Rouen. On consigna dans un journal du temps l'inventaire d'un de ces fourgons :

« Douze pièces de drap noir et bleu, un baril de miel, cinq robes de femme, six vieux casques de cuivre paraissant avoir appartenu à des dragons français, quelques paires de sabots, une balle de café, un fort lot de vieux cuivre ; cuirasses aplaties, poignées de sabres ; un sac de sel, douze manchons de femme, des lampes de toute sorte, une pendule, environ 400 paires de boucles d'oreilles, de celles qu'on vend trois sous la paire dans les bazars. »

On voit que le bric-à-brac et l'amour des collections ont joué un grand rôle dans cette guerre.

Ces premiers trophées de la défense de nos frontières, après une lutte de deux mois, relevèrent un peu le moral des populations. A Louviers, on courut en foule voir les fourgons et les prisonniers.

Parmi ces derniers se trouvait un lieutenant du 10e hussards, le baron Bodo de Rodenhaufen, âgé de 28 ans. Son odyssée n'est pas sans intérêt. Il avait eu son cheval tué et s'était perdu dans les bois, du côté de Houlbec-Cocherel. En homme de ressources, il ne se laissa pas démoraliser pour si peu. Il entra résolûment dans la première ferme qu'il trouva sur son chemin; et réquisitionna une voiture pour le conduire à Pacy ! On n'en tint compte, apparemment, car des gardes nationaux, prévenus à propos, se saisirent de sa personne et l'amenèrent à Gaillon. C'était pour lui une très-grande mortification d'avoir été pris par des gens qu'il qualifiait de *polichinels*.

Il déjeuna à la sous-préfecture de Louviers, où il reçut l'accueil qui convenait à sa situation actuelle et à son rang. Le sous-préfet lui demanda ce qu'il pensait de l'issue de la lutte, qui semblait devenir moins favorable pour eux. Il répondit sans hésiter que nous n'avions pas de soldats et que les Prussiens étaient organisés de manière à ne pas laisser le moindre doute sur leur succès définitif. C'était vrai, malheureusement.

Quoiqu'il eût demandé une voiture pour se rendre à la prison, on ne crut pas devoir pousser la déférence jusque-là. Il partit donc à pied de la sous-préfecture, accompagné de M. Fontaine, et dut traverser la foule des curieux. Cette marche, qui était exempte de dangers, mais qui ne ressemblait pas à un triomphe, lui causait des agacements dont il n'était pas maître. Du reste, son attitude était superbe, trop superbe même. On voyait qu'il était habitué de vieille date à tendre le jarret et à battre de son sabre le pavé de nos villes soumises. Le lendemain, son amour-propre dut encore se résigner à la même épreuve. Il fit à pied, avec les autres prisonniers, le trajet de la place des Pénitents à la gare du chemin de fer, escorté par des pompiers, autres *polichinels*, qui ne devaient le quitter qu'à Rouen.

Quelque pénibles qu'aient été pour ce fier vainqueur les jours de la captivité, je doute que ses souvenirs puissent supporter la comparaison avec ceux des prisonniers de Thorn, dont on trouvera plus loin une relation.

Comme le disait le Gouvernement de Tours, dans sa dépêche du 23, nos troupes avaient enfin pris l'offensive. Les gardes nationales accoururent à Vernon de toutes les communes environnantes, Gaillon, Saint-Pierre-de-Bailleul, Saint-Étienne, etc. Des mobilisés, au nombre de 500 à 600, la plus grande partie des mobiles de l'Ardèche constituèrent les forces chargées d'arrêter les Prussiens, si, comme on y comptait, ils faisaient une nouvelle tentative sur Vernon. Elle eut lieu le 26. Vers dix heures du matin, 1,300 Prussiens environ, avec trois pièces de campagne, attaquèrent tout à fait à l'improviste les avant-postes placés entre Blaru et Vernon. Tout d'abord ils occupèrent les hauteurs et dirigèrent une vive fusillade contre la 6e compagnie de l'Ardèche qui tint bon pendant une heure et demie, et, ses cartouches épuisées, s'élança en avant à la baïonnette.

Cette offensive vigoureuse jeta parmi les rangs ennemis une certaine hésitation qui donna le temps aux mobiles de Vernon de renforcer la compagnie engagée.

Les Prussiens lancèrent alors une centaine d'obus, qui firent peu de mal aux troupes. Elles s'étaient déployées en tirailleurs et entretenaient une fusillade incessante.

Devant cette résistance héroïque, l'ennemi se replia sur le village de Normandie.

Les mobiles, dans cet engagement, eurent 6 hommes tués et 20 blessés. On suppose que les pertes de l'ennemi, qui combattait à découvert, furent beaucoup plus considérables. Plusieurs voitures chargées de morts et de blessés traversèrent le village de Bonnières. Vers la fin, la garde nationale de Vernon prit à l'action une part fort honorable. (*Journal de Rouen*, 28 novembre).

Là, se bornèrent les succès de nos troupes. On verra, dans le chapitre des Canons, leur insistance pour obtenir quelques pièces d'artillerie qui leur avaient malheureusement fait défaut pendant toute la campagne. Celles qu'on leur envoya étaient encore bien insuffisantes; mais il ne leur fut pas même donné de s'en servir. Dans les premiers jours de décembre, toutes les forces durent évacuer la haute Normandie et se replier sur Conches, Serquigny, Bernay, Lisieux. C'est là que nous retrouverons, dans la suite de ce livre, nos mobiles et nos francs-tireurs.

Quant aux éclaireurs Mocquart, ils furent appelés sur la rive droite pour coopérer à l'expédition de Gisors qui, comme on sait, se borna au coup de main d'Étrépagny. Quelques jours plus tard, ils se trouvaient à la débâcle de Buchy, où ils firent aussi bonne contenance que possible. Depuis ce moment, ils furent incorporés à l'armée du Havre.

LES FRANCS-TIREURS

OU ÉCLAIREURS VOLONTAIRES DE L'ARRONDISSEMENT DE LOUVIERS

Une circulaire du ministre de la guerre, du 11 août, faisait appel au dévouement des populations et les encourageait à former des compagnies de gardes nationaux volontaires, ou de francs-tireurs. On les armerait, disait le ministre, avec des fusils empruntés aux pompiers. En conséquence, le 21 août, sur la convocation du maire de Louviers, les notables se réunirent à l'hôtel de ville pour aviser aux moyens d'organiser une compagnie d'éclaireurs, en attendant que la garde nationale, dont la formation était nécessairement accompagnée de lenteurs, fût à même de rendre des services. La réunion fut fort agitée; maints quolibets furent échangés dont quelques-uns pouvaient passer pour de sanglantes insultes. Les uns voulaient réduire, quoi qu'il advint, les Prussiens en poudre; les autres, ne pouvant s'empêcher de penser à leurs usines et aux dangers que des représailles leur feraient courir, stipulaient des réserves qui réduisaient la défense à des proportions peu inquiétantes pour l'ennemi.

La municipalité penchait pour la formation d'une simple compagnie de garde nationale, recrutée parmi l'élite des bourgeois, qui s'équiperait à ses frais et veillerait seulement sur la ville et ses alentours. Elle cherchait, par l'organe du maire, M. Prétavoine, à faire prédominer cette manière de voir ; mais elle n'y put réussir. Le sous-préfet, qui était alors M. Guynemer, intervint et parut appuyer le groupe qui réclamait une compagnie de francs-tireurs, chargés d'explorer le pays au loin et de se porter où besoin serait. La dispute atteignit les proportions d'une véritable altercation et l'assemblée se sépara sans avoir rien résolu. Un groupe très-animé, au milieu duquel étaient le maire et le sous-préfet, se forma dans la cour même de l'hôtel de ville. Là, les deux principaux représentants de l'autorité échangèrent des propos peu courtois qui achevèrent de séparer profondément les deux camps. Le sous-préfet se faisait remarquer par une attitude des plus belliqueuse, et il ne craignait pas de dire que, s'il se formait une compagnie de francs-tireurs, il s'inscrirait en tête de la liste et ne serait pas le dernier au feu. Les événements politiques, survenus à quelque temps de là, l'empêchèrent sans doute de réaliser ce projet. Il donna sa démission en toute hâte et passa en Angleterre.

Quoi qu'il en soit, la tentative d'organisation que nous venons de raconter produisit ses fruits. Deux compagnies d'éclaireurs se formèrent simultanément, l'une, dite des *Éclaireurs de la garde nationale*, sous la protection et avec le concours de la municipalité ; l'autre, sous le titre de *Francs-tireurs* ou *Éclaireurs volontaires de l'arrondissement de Louviers*. La première devint bientôt la 1re compagnie de la garde nationale. Les Éclaireurs volontaires, après bien des vicissitudes, furent annexés à la deuxième armée de la Loire. Ils prirent, comme on le verra plus tard, une part honorable à la campagne, et laissèrent quelques-uns des leurs sur le champ de bataille.

Ce fut M. Fontaine, nommé sous-préfet en remplacement de M. Guynemer, qui prit sur lui d'organiser cette compagnie par un arrêté du 16 septembre 1870, ainsi conçu :

« Le sous-préfet de l'arrondissement de Louviers,
« Vu les instructions du Gouvernement ;
« Vu l'urgence d'organiser immédiatement toutes les forces disponibles pour défendre le pays en danger ;
« Vu la nécessité de surveiller avec la plus grande vigilance les mouvements de l'ennemi ;

« Arrête :

« Article premier. — Il est créé dans l'arrondissement de Louviers un premier corps de volontaires à pied ; ils prendront le nom d'*Éclaireurs volontaires de l'arrondissement de Louviers*.

« Art. 2. — Ce corps sera composé de 100 hommes ; il sera donné à chacun d'eux par le Gouvernement :

« 1° Une carabine Minié d'une portée maximum de 1,200 mètres et un sabre-baïonnette ;

« 2° Un équipement consistant en une vareuse noire, pantalon gris à bandes rouges, képi noir avec liseret rouge et cocarde tricolore.

« Art. 3. — Pour la composition de ce corps volontaire, il est ouvert à la sous-préfecture et à la mairie de chacun des chefs-lieux de canton de l'arrondissement, une liste sur laquelle pourront se faire inscrire les citoyens électeurs, âgés de 25 à 45 ans ; cette liste sera déposée à partir d'aujourd'hui, 16 septembre, dans les endroits ci-dessus indiqués, et elle sera close le 19 au soir.

« Parmi les volontaires inscrits, les 100 hommes les plus aptes au maniement des armes et les plus robustes seront immédiatement choisis par le sous-préfet, le commandant de la garde mobile et le capitaine de la gendarmerie.

« Avis sera donné, le 20 septembre, à chacun des hommes désignés, qui seront immédiatement armés et équipés.

« Art. 4. — Les éclaireurs volontaires éliront de suite leur capitaine-commandant, seul officier, et cinq chefs-guides de section ; le capitaine-commandant ne recevra d'instructions que du sous-préfet et ne devra compte de sa mission qu'à lui.

« Art. 5. — Chacun des volontaires, qui ne pourrait subvenir par lui-même à ses moyens d'existence, recevra une allocation de 1 fr. 50 par jour.

« Art. 6. — Les maires des chefs-lieux de canton de l'arrondissement sont chargés, en ce qui les concerne, de l'exécution du présent arrêté. »

Les carabines Minié, dont il est question dans cet arrêté, avaient été demandées au ministre de la guerre par M. Garnier, pharmacien, qui s'était rendu à Paris dans ce but.

C'était une véritable bonne fortune que ces 100 carabines et les 7,000 cartouches qui les accompagnaient, à une époque où les armes faisaient défaut de toutes parts, et où la mobile elle-même ne recevait que de mauvais fusils à percussion.

Aussi ces armes n'attendirent-elles pas longtemps leurs hommes : la ville de Louviers en fournit, à elle seule, 70; les communes voisines, 10; l'entreprise Girard (chemin de fer de Louviers à Évreux), 20. M. Garnier fut élu capitaine. Le premier habillement se composa des épaves laissées par la garde mobile : pantalons déchirés, vareuses sans solidité, chemises et chaussures dépareillées. Au bout de quinze jours, tout cela tombait en lambeaux. Honneur aux fournisseurs de la garde mobile! Ce trafic s'est fait partout; partout nos malheureux soldats ont porté la peine du détestable esprit de fraude et de rapine qui anime tant de commerçants. Disons bien vite que les draps achetés à Elbeuf et à Louviers, pour renouveler l'habillement, et en particulier les pantalons, ne méritèrent pas ce reproche.

L'équipement ne put être complet que vers le milieu de novembre.

Les enrôlements s'étaient faits avec une promptitude qui témoignait du patriotisme de la population de Louviers et des environs. Si l'on ne vit pas chez nous, comme à Rouen et au Havre, *des jeunes filles* proposer leurs services, on vit au moins des hommes de tout âge et de toute catégorie accourir à l'appel de l'administration. En voici un exemple. Le sieur Ledormeur, vieillard de 70 ans, se présenta à la sous-préfecture dans le but de contracter un engagement pour la durée de la guerre. On l'accueillit avec le respect dû à son âge; mais on ne prit pas sa démarche au sérieux, et, d'ailleurs, il était impossible de lui donner satisfaction. Quelques jours après, il se faisait accepter par les Éclaireurs volontaires de Louviers. Il a fait toute la campagne, non sans rendre des services. Rentré à Fontaine-Heudebourg, son pays, il se porte mieux que jamais.

Quel qu'eût été l'empressement des hommes, quel que fût le zèle des personnes qui veillaient à leur organisation et à leur équipement, les événements allaient si vite qu'on ouvrit la campagne sans sacs, sans bidons, sans gamelles et, comme je l'ai déjà dit, presque sans chaussures.

L'historique de la compagnie comprend deux périodes. La première, du 4 octobre au 15 décembre 1870 : la compagnie ne fait pas encore partie d'un corps d'armée, et marche le plus souvent sans ordres supérieurs ; la seconde, du 15 décembre au 6 mars, date du licenciement : elle marche en exécution d'ordres émanant du corps d'armée auquel elle appartient.

Le 4 octobre, les Prussiens en force menaçaient Pacy. Grande alerte à Évreux, le 5 et le 6, à Gaillon et même à Louviers. Les gardes nationaux d'Évreux, qui s'étaient inutilement portés au secours de Pacy, avec les mobiles, furent saisis de crainte et rendirent leurs armes dans la journée du 6. Les francs-tireurs Mocquart avaient rétrogradé jusqu'à Heudebouville. C'est dans ces circonstances que deux compagnies de la garde nationale de Louviers se portèrent sur la route de Pacy jusqu'à la Croix-Saint-Leufroy. Les francs-tireurs firent de même, et, poussant toujours devant eux, ils arrivèrent à Pacy peu de temps après le départ des Prussiens. Ils s'avancèrent jusqu'à Villegats et Rosny. Là, la frayeur des populations gagne ces soldats de fraîche date ; ils sont pris de panique et se débandent sans rien vouloir entendre.

Grâce à l'ascendant de Duchemin, qui commandait de fait la compagnie, et de l'éclaireur Golvin, qui la commandera plus tard, ils purent être ralliés assez promptement. Le 8 octobre, ils s'embusquèrent sur la route de Bonnières à Vernon, et démontèrent 3 cavaliers ennemis, dont 2 furent pris sur-le-champ. Le troisième, blessé d'une balle à la jambe, fut arrêté peu de temps après par des chasseurs à cheval.

C'était la première rencontre. Le 10, on rentra à Louviers. Le 15, les Prussiens étaient aux Andelys. Nouvelle alerte. La veille, on avait fait sauter les ponts de Vernon, de Courcelles et du Petit-Andely. On parlait de faire sauter le pont d'Andé. Les francs-tireurs se mettent en campagne, ayant à leur tête M. Garnier. Depuis la prise de Gisors (9 octobre), on se battait tous les jours dans les plaines du Vexin, devenues le rendez-vous des corps francs de toute la Normandie. On massacrait, on incendiait, on réquisitionnait sur la plus large échelle.

Le 20, nos francs-tireurs prirent au combat dit de *la Broche* la part la plus honorable. C'est dans le parc du château et principalement aux environs de la maison du garde que l'action s'engagea. Une partie de la compagnie avait été échelonnée dans le bois et derrière les haies ; l'autre partie s'était retirée vers Doudeauville, sous le commandement de Duchemin. Les Prussiens, qu'une décharge imprudente des francs-tireurs havrais ou autres avait avertis de se tenir sur leurs gardes, cernèrent le parc et le fouillèrent bientôt avec leurs obus. Ils comptaient deux compagnies d'infanterie, deux escadrons de cavalerie et deux pièces de canon.

Il était dix heures du matin. M. Garnier se trouvait dans la maison du garde qui lui servait d'observatoire. Il a rapporté lui-même les faits qui se passèrent alors :

« J'étais à peine entré dans la maison que je vois se dresser devant moi une escouade prussienne, dont l'officier me désignait du doigt. Je monte au grenier et j'attends. L'officier prussien, armé d'un fusil [1], gravit l'escalier, me somme de me rendre ; je lui réponds par un coup de revolver qui l'atteint en pleine poitrine. Au même moment la balle de son fusil me rasait la figure. Personne n'osa plus monter. Mais ces messieurs, fidèles à leurs habitudes, mettent le feu à la paille du lit et criblent le toit de balles. Au bruit de ma trompe, quelques-uns de mes hommes ripostent. Plusieurs Prussiens tombent, les autres regagnent la plaine..... Pressé d'en finir, le commandant fit trouer la maison à coups de canon ; je fus touché au pied par une boîte à mitraille ; mais cela n'allait pas assez vite à son gré, il fit apporter deux bottes

---

[1] C'était la carabine de M. Garnier, qu'il n'avait pas eu le temps de saisir.

de paille enflammées et me rendit impossible le séjour de mon grenier. Je préférais courir le risque d'être tué que d'être brûlé ; aussi je descendis clopin clopant, et je franchis la porte sans être vu, grâce à la fumée ; à peine dehors, j'essuyai une décharge qui ne m'atteignit pas, et je me trouvai nez à nez avec une sentinelle qui fit feu ; sa balle me laboura le petit doigt, la paume de la main et traversa ma chemise de laine. Je ripostai par un coup de revolver. A 25 mètres, puis à 75 mètres plus loin, je fus accueilli par de nouveaux feux de peloton. Enfin, je pus gagner un petit bois, sans être poursuivi. Le soir, je retournai à Ménesqueville..... »

Pendant ce temps, la compagnie qui courait des dangers sérieux, s'était éparpillée un peu à l'aventure. Elle avait néanmoins fait le coup de feu dans presque toutes les directions. Les deux frères Frétigny et Golvin usèrent plus d'une cartouche, non sans succès ; Pethitbon, Thierry, Duret eurent leurs vêtements troués par des balles. Ce dernier fut moins heureux le lendemain. Le père Ledormeur et Duret avaient reçu l'ordre de rechercher M. Garnier pour l'empêcher de prendre la direction de Nojeon-le-Sec ; surpris par la nuit, ils se réfugièrent dans une ferme et, dès le matin, se mirent en marche pour Ménesqueville. Comme ils traversaient la forêt de Lyons, Duret s'étant un peu écarté tomba sur deux Prussiens qui déchargèrent sur lui leurs fusils, à bout portant. Une balle lui traversa la cuisse. Il n'était âgé que de dix-sept ans.

2.

Mais revenons au parc de la Broche. L'artillerie prussienne continua de le fouiller et s'acharna principalement sur le château, que ses obus finirent par incendier. C'était la vengeance accoutumée ! Nos francs-tireurs purent heureusement gagner, par petits détachements, Lyons-la-Forêt et Ménesqueville. Le lendemain, ils étaient tous réunis dans cette dernière commune qu'ils quittèrent pour revenir à Louviers, afin de compléter leur équipement.

C'était, avouons-le, un dur métier que celui de franc-tireur, dans les conditions où les nôtres venaient de débuter. Mal habillés, mal payés, mal nourris, privés d'une direction supérieure dans le commandement, exposés, par suite, à être enlevés en un tour de main, tels étaient les principaux inconvénients de leur situation. Joignez-y le peu d'empressement des villes et des bourgades à les recevoir, ou même leur disposition à les congédier. A Villegats, le maire leur offrit tout ce qu'ils voudraient, pourvu qu'ils quittassent immédiatement le pays. Celui de Villiers-la-Ville s'enfuit à leur approche, et les habitants ne voulurent pas même leur vendre du pain. A Lyons, où ils arrivèrent exténués de fatigue et couverts de boue, à peine purent-ils, en payant, trouver à manger et à coucher. Enfin, la ville de Louviers elle-même leur refusa le logement militaire.

A ce moment, la défense nationale, il faut le dire, était organisée d'une manière bien incomplète et devait inspirer assez peu de confiance. L'incendie de Mézières (22 septembre), les canonnades de

Mantes (23 septembre), de Pacy (5 octobre), de Vernon (22 octobre), enfin, l'incendie et le sac de Châteaudun (28 octobre), contenaient des enseignements qu'une ville comme Louviers ne pouvait négliger. Sa situation topographique, ses nombreuses usines, sa richesse relative l'exposaient à payer cher des velléités de résistance. Aussi, contente de sa garde nationale qu'elle espérait tenir dans sa main, ne voyait-elle les évolutions des francs-tireurs qu'avec une certaine appréhension. Quelques-uns, d'ailleurs, affichaient une allure indépendante qui compromettait la discipline et donnait prise à la censure.

Cependant, un décret du 5 novembre ayant constitué légalement la compagnie qui passa sous les ordres du ministre de la guerre, il devenait difficile de lui refuser le privilége accordé à tous les corps organisés. De nombreux pourparlers eurent lieu à ce sujet ; une correspondance fut même échangée, et, l'aigreur gagnant de plus en plus les esprits, on put craindre un instant quelque fâcheuse collision. Mais, le 19 novembre, les Prussiens attaquèrent Évreux, et la compagnie qui venait de parfaire son équipement reçut un ordre de départ.

M. Garnier, malade de ses blessures, dut rester à Louviers. Duchemin prit le commandement. L'arrivée de nos francs-tireurs fit quelque sensation à Évreux. Ils commençaient à se distinguer par une attitude militaire, et la sévérité de leur costume contrastait avec les plumes et les chapeaux fantaisistes de tant d'autres compagnies. Le 21, ils allèrent occuper la briqueterie de Seugey, qui se trouve à cheval sur les routes de Nonancourt et de Grossœuvre. Ils y restèrent quinze jours, non sans avoir plusieurs engagements avec des reconnaissances prussiennes, auxquelles ils tuèrent un certain nombre d'hommes. Des gardes nationaux des environs se joignirent souvent à eux. Aussi, lors de leur départ (5 décembre), les Prussiens n'eurent-ils rien de plus pressé que d'incendier la briqueterie de Seugey. Le propriétaire, le sieur Moulinet, disait aux officiers de nos francs-tireurs :

« J'ai fait mon devoir, je ne regrette pas ce que j'ai perdu, je regrette seulement que vous ne vouliez pas me prendre avec vous en me donnant une carabine. »

La ferme d'Autrebois qui les avait aussi abrités et dont le fermier, avec ses domestiques, avait fait le coup de feu, fut également réduite en cendres.

Revenue à Évreux, la compagnie fut aussitôt dirigée sur Bernay. Le 13 décembre, elle prit une part très-honorable à l'engagement de Serquigny. Les Prussiens travaillaient à couper la ligne du chemin de fer. Nos hommes, postés en avant des forces qui avaient été appelées sur ce point, ouvrirent le feu avec beaucoup de précision et de sang-froid. Bientôt la fusillade devient générale : l'ennemi se débande, abandonnant ses armes et ses outils. Nos francs-tireurs le poursuivent jusqu'à la gare, traversent la rivière et ramènent 11 prisonniers et 3 blessés. Le sergent Taubin, les caporaux Tablarès et Frétigny furent cités à l'ordre de la compagnie.

L'honneur de cette journée revenait à M. Golvin ; aussi le 15 décembre était-il promu au grade de capitaine par le général Guillermy. L'effectif de la compagnie fut porté à 184 hommes. Elle s'était déjà augmentée, à Évreux, de 25 hommes du Neubourg. La municipalité de cette ville les avait équipés à ses frais, et leur avait assuré une solde de 1 fr. 50 c. par jour pendant la durée de la campagne, sans préjudice d'une subvention de pareille somme allouée à leurs femmes.

Le cadre des officiers fut ainsi composé :

MM. Golvin, capitaine ;
     Duchemin, lieutenant ;
     Delaloge, sous-lieutenant ;
     Lemercier, chef d'ambulance.

A partir de ce moment, la compagnie n'opéra qu'en vertu d'ordres émanant des commandants des forces militaires auxquelles elle se trouva rattachée.

Il convient de dire ici quelques mots du nouveau capitaine, M. Golvin. Étudiant en médecine et fils d'un médecin d'Argenteuil qui était venu se réfugier à Poses, il avait fait ses premières armes contre les Prussiens dans les environs de Beauvais, et, après bien des vicissitudes, était venu rejoindre son père. Engagé le 3 octobre dans la compagnie Garnier, il conquit tout d'abord l'ascendant que lui assuraient son intrépidité, son sang-froid et son esprit de décision. Ces qualités lui valurent le commandement, qu'il exerça jusqu'à la fin de la campagne de manière à ne mériter que des éloges.

LES GARDES NATIONALES

ARMEMENT DES GARDES NATIONALES — LEURS CAMPAGNES

L'armement des gardes nationales fut peut-être la partie la plus ardue de la tâche des administrations. Dans les villages, l'organisation était complète, les officiers nommés, les instructeurs désignés... Qu'attendait-on encore ? des fusils..., et ils ne venaient pas, ou ils étaient distribués avec tant de parcimonie qu'on en comptait 1 par 10 hommes, heureux encore quand ce fusil était en état de servir. Les gardes nationaux en blouse faisaient, comme à Saint-Maur, l'exercice avec des bâtons, à la tombée du jour, sur les places publiques. Et puis, las de faire des marches et des contre-marches qui, finalement, n'aboutissaient à rien, les hommes murmuraient, cessaient de paraître aux exercices... Les officiers venaient au chef-lieu d'arrondissement réclamer des armes, quelquefois avec une insistance blessante, pleine de soupçons et de réticences. Les plus aigris allaient jusqu'au chef-lieu du département porter leurs doléances. Le hasard en servait quelques-uns; d'autres jouaient de malheur et, de dépit, donnaient leur démission.

Dans le courant du mois d'août, on put, à grand'peine, distribuer quelques mauvais fusils aux communes situées sur les bords de la Seine, depuis Criquebeuf jusqu'à Saint-Pierre-la-Garenne, que l'on supposait, non sans fondement, devoir être les premières visitées par l'ennemi. Dans l'état général de notre armement à cette époque, des fusils à percussion étaient encore une sorte de bonne fortune. Sur d'autres points, au Havre en particulier, on distribuait des fusils à silex sans baïonnettes. (*Journal de Rouen*, 1er octobre.)

Nos braves paysans étaient animés des meilleures intentions et ils n'auraient pas failli à la défense, si l'ennemi, au lieu de frapper la Normandie au cœur par la prise de Rouen, s'était borné à éclairer et à réquisitionner le pays.

Lors de toutes les attaques dirigées sur Vernon par les Prussiens, les gardes nationaux de la lisière de l'arrondissement étaient sur pied et appuyaient les opérations militaires. C'est encore en grande partie aux gardes nationaux des vallées de l'Eure et de l'Iton qu'Évreux dut d'échapper au coup de main du 19 novembre.

A Mercey, le 8 décembre, des volontaires du bataillon de Gaillon, reçurent à coups de fusil des éclaireurs prussiens; un cheval fut tué et un homme blessé.

On verra plus tard que les gardes nationales, si incomplet et si défectueux que fût leur armement, étaient susceptibles de rendre des services réels. Pendant près de deux mois, leur vigilance fut extrême. Tout le canton de Gaillon fut sur pied, jour et nuit, à la suite de l'entrée des Prussiens à Vernon et à Pacy.

Souvent, des crêtes des collines, les braves villageois en blouse, ou en képi, pour tout uniforme, apercevaient les schapska des uhlans qui exploraient le pays. L'alarme était grande, et ce n'était pas sans raison : car il y allait de la vie. Cependant, au risque d'être tournés, pris et fusillés sans miséricorde, ils continuaient de monter la garde avec quelques cartouches dans leur poche et presque rien dans le ventre. Car le service d'intendance, il faut bien le dire, laissait beaucoup à désirer. Ces dépenses insolites n'avaient pas été prévues au budget des communes, et il fallait tout improviser. Plus d'une fois, de faim plutôt que de guerre lasse, une védette a dû lâcher pied pour marauder dans le voisinage; puis, la mauvaise humeur dissipée, on retournait à son poste, en se munissant d'un morceau de pain et de lard, pour le cas où la vigilance municipale se trouverait de nouveau en défaut. Ce n'était donc pas absolument pour les rendre ou les cacher que les gardes nationaux réclamaient des armes avec énergie, et s'irritaient de n'en pas obtenir.

Ce fut cependant sous les plus tristes auspices que les gardes nationales du département de l'Eure commencèrent la campagne dans laquelle elles devaient jouer un rôle bien modeste, il est vrai, mais qui n'en a pas moins coûté la vie à un bon nombre d'hommes.

La prise de Gisors, arrivée le 9 octobre, avec les circonstances que tout le monde connaît, ne présageait rien de rassurant pour l'avenir de la défense, et contenait des enseignements pleins d'actualité. Cela se passait à quelques lieues de nous. Il n'était plus possible de douter de rien : les mobiles avaient bien fui à toutes jambes à travers les bois et les plaines ; quelques-uns même avaient couru plusieurs lieues sans se retourner ! Des 8 pauvres gardes nationaux de Bazincourt qui avaient été pris les armes à la main, sans uniforme, 3 avaient été durement schlagués, les 5 autres fusillés sans pitié, avec des détails atroces. Peu s'en fallut même que le village tout entier ne fût livré aux flammes, comme Bazeilles.

Quelques jours auparavant, le 5 octobre, Pacy-sur-Eure avait été occupé. La garde nationale d'Évreux voulant prêter son appui à la mobile, avait envoyé une compagnie de volontaires. Mais la mobile n'avait pas fait ses preuves ; l'éparpillement fut extrême. Deux malheureux gardes nationaux tombèrent entre les mains des Prussiens, Frémanger et Blanchard. Le premier fut littéralement haché à coups de sabre ; le second, attaché et bâtonné, rentra à Évreux dans un état pitoyable. Eh bien! ces exemples ne firent sur les esprits qu'une impression médiocre. Le danger disparaissait devant le sentiment de la résistance.

Le département de la Seine-Inférieure continua d'organiser la défense sur la rive droite de la Seine, principalement dans la vallée d'Andelle, avec Fleury pour poste avancé. Les forces qui devaient opérer dans cette région se composaient, en grande partie, de gardes nationaux et de francs-tireurs. On a pu reprocher à ces guérillas, contre-guérillas, etc., leurs allures tapageuses et leur extrême mobilité, qui faisait ressembler cette vallée d'Andelle à un tableau mouvant. Mais la faute doit en être reportée aux commandants militaires et nullement aux gardes nationaux qui allaient où on les envoyait, et qui ne revenaient, à part quelques exceptions, que lorsqu'on les rappelait.

Dans notre arrondissement, que la Seine protégeait sur une très-grande étendue, principalement contre les attaques des Prussiens qui occupaient Gisors, les soins de la défense se portaient sur la partie comprise entre Gaillon, Vernon et Pacy. Mantes et ses environs recélaient des hordes remuantes qui donnaient fort à faire à toute la contrée. Mais ce fut surtout après le coup de main du 19 novembre, tenté sur Évreux, que les gardes nationales exercèrent une surveillance qui ne laissait pas d'être dangereuse.

Le maire de Gaillon, M. Leblanc, quoiqu'il n'eût aucune mission spéciale, s'inspirait de son patriotisme et, d'accord avec le commandant du bataillon, M. Malide, de Saint-Pierre-de-Bailleul, tirait le meilleur parti possible des services des gardes nationaux de cette circonscription. Il avait constamment des éclaireurs sur toute la lisière. Des postes étaient entretenus sur les points reconnus importants; des colonnes, au besoin, étaient dirigées sur ceux qui étaient menacés d'une attaque imminente.

Voici quelques-unes des dépêches où il exposait ses vues ou rendait compte des dispositions prises :

« Gaillon, 20 novembre, 5 h., soir.

« Le général de Kersalaün passe la nuit à Gaillon ; il ne repartira que demain, pour aller rejoindre ses troupes du côté de Conches. »

« Gaillon, 20 novembre, 7 h. 50 m., soir.

« Nous avons eu pendant toute la journée 6,000 hommes de garde mobile et de francs-tireurs qui se sont repliés sur Gaillon... Beaucoup de mobiles sont partis dans la journée. Les derniers bataillons seront emmenés ce soir par un train spécial, et leur départ nous laissera à la merci des Prussiens qui, de Vernon, peuvent se rendre en quelques instants à Gaillon, puis à Louviers, si vous n'ordonnez, pour nous couvrir, d'envoyer immédiatement deux bataillons et des canons du côté de Bizy, et autant du côté de Houlbec-Cocherel. Cela suffirait pour nous mettre à l'abri, ainsi que Louviers.

« Je maintiens le piquet de 12 hommes au pont de Courcelles ; le poste de Gaillon se compose ce soir de 18 hommes qui feront constamment des patrouilles jusqu'au Goulet, sur la route de Vernon, sur la route de Dreux, et se mettront en rapport avec le poste de Sainte-Barbe, qui communiquera avec celui de Vieux-Villez, lequel enverra des éclaireurs jusqu'à Ailly. Le service disposé ainsi pour cette nuit me permettra d'être informé promptement, si quelque chose d'extraordinaire se produit. »

Ainsi, contraste frappant, c'est pendant que le général de Kersalaün se dérobe devant 400 Prussiens, rallie 6,000 hommes et court à Conches, que le maire d'une petite ville se tient ainsi sur la brèche, et établit un service complet d'éclaireurs avec une poignée de gardes nationaux !

Ici se place un petit incident. Le lieutenant-colonel d'Arjuzon, commandant la garde mobile, avait suivi son général à Gaillon. L'ordre étant donné de se replier sur Conches, M. d'Arjuzon partit en voiture, accompagné d'un garde mobile et d'un domestique. La colère était grande dans tout le pays et les officiers supérieurs mis en état de suspicion. On ne passait pas impunément, la nuit, avec des galons, devant un poste de gardes nationaux en blouse, et peut-être même en bonnet de coton.

A Hondouville, le 21 novembre, à dix heures du soir, M. d'Arjuzon fut arrêté et invité à descendre de voiture pour se faire reconnaître au poste. Malgré l'exhibition de sa feuille de route, le capitaine de la garde nationale et le maire, appelés sur les lieux, refusèrent de le laisser partir sans une permission spéciale du sous-préfet, qui fut demandée par télégraphe et accordée sans délai. Mais le colonel en avait gros sur le cœur, et le lendemain il expédia la dépêche suivante :

« Conches, 22 novembre, 2 h., soir.

« *Colonel d'Arjuzon à sous-préfet de Louviers.*

« Le chef de poste de la garde nationale d'Hondouville m'a arrêté cette nuit, *malgré mes protestations, mon uniforme et ma feuille de route*, disant qu'ils étaient trahis par les autorités supérieures. Il m'a gardé prisonnier trois heures, jusqu'à l'arrivée de votre dépêche. Je demande sa cassation immédiate ! Veuillez me répondre.

« D'ARJUZON. »

Ce ne fut pas précisément de cette façon que les choses s'arrangèrent. Le capitaine de la garde nationale d'Hondouville ne fut pas cassé ; mais, dès le 21 novembre, pendant que le colonel opérait sa retraite, un télégramme de Tours nommait au commandement militaire de l'Eure le général Briant, en remplacement du général de Kersalaün. Cela avait bien, cette fois, quelque apparence de justice.

Le général Briant avait promis, à diverses reprises, de protéger Louviers et ses environs en cas d'attaque. Par le fait, c'était protéger Rouen. Mais, dans ce temps où la défense se localisait et se fractionnait si niaisement, il faut tenir compte à ce général d'avoir vu au-delà de la côte Sainte-Catherine. Avant d'être investi du commandement de l'Eure, il avait déjà pris des mesures, sur la demande de M. Fontaine, sous-préfet, pour envoyer des troupes à Louviers et à Évreux, ainsi que le prouve la dépêche suivante qui, dans sa concision, n'est pas exempte d'une pointe d'ironie :

« Rouen, 20 novembre, 1 h. 35 m., soir.

« *Général de division à sous-préfet de Louviers.*

« Je donne ordre de diriger immédiatement sur Louviers trois bataillons. Général d'Évreux m'informe qu'il se replie avec ses troupes sur Serquigny. *Je me demande pourquoi il ne se replie pas sur Évreux ?*

« Briant. »

Le général fit plus que d'envoyer des hommes, il vint, de sa personne, établir son quartier général à Louviers dans la journée du 21, et il ne repartit que le 22, après avoir dirigé l'affaire de Bizy et lorsque Évreux était complétement à couvert.

Mais je reviens à nos gardes nationales. Pendant que les mobiles de l'Ardèche, envoyés dans la nuit du 22 novembre, surprenaient les Prussiens et les chassaient de Vernon, 200 gardes nationaux entraient bravement dans cette ville, avec le commandant Malide. M. Leblanc rendait compte de cette expédition de la manière suivante :

« Gaillon, 22 novembre, 8 h., soir.

« ... Comme je savais que des secours étaient nécessaires à Vernon, j'ai autorisé 120 hommes de notre garde nationale et nos pompiers à s'y rendre ; je leur ai donné des munitions. Comme aussi le pays est complétement dégarni du côté de Houlbec, où quelques Prussiens se sont montrés ce matin, j'ai fait placer notre section d'artillerie *avec sa pièce* (le canon dit Ledormeur) à la pointe des Rotoirs. Les artilleurs sont appuyés par un piquet de 30 hommes ; un autre piquet de 25 hommes, fournis par Saint-Aubin, garde la route d'Évreux. Un poste d'éclaireurs est placé route de Saint-Julien, à la ferme de l'Aulnaye. Enfin, le pont de Courcelles est surveillé par un poste de 15 hommes d'Aubevoye. Ces mesures nous empêcheront d'être surpris. Il serait utile que des troupes fussent envoyées du côté d'Houlbec : c'est notre côté faible, et les Prussiens, qui ne sont pas éloignés de Pacy, peuvent, de cette commune dans laquelle ils se sont présentés ce matin, venir en deux heures à Gaillon. Deux bataillons de mobiles, échelonnés sur les plateaux, suffiraient pour les empêcher d'avancer..... »

Citons encore une dernière dépêche, et personne ne doutera que le service des gardes nationales n'ait été très-sérieux, dans toute cette partie de l'arrondissement, en même temps qu'il était plein de périls.

« Gaillon, 30 novembre, 5 h. 50 m., soir.

« M. Fleury a fait aujourd'hui une trouée jusqu'au-delà d'Houlbec-Cocherel, et a appris que 7 Prussiens ont traversé Boisset vers midi. Les mêmes sont allés ensuite à la ferme Lahaye-des-Granges pour faire des réquisitions; mais, ayant appris que des francs-tireurs n'étaient pas éloignés, ils se sont retirés sans rien prendre. Hier soir, 8 éclaireurs sont allés à Menilles et sont partis sans rien dire à personne. Les avant-postes formés dans cette contrée sont parfaitement distribués, et les gardes nationaux qui les occupent sont pleins d'ardeur. Il ne quittent les bois, ni le jour, ni la nuit, et ils y reçoivent de leurs familles les vivres dont ils ont besoin. Ils espèrent qu'on va envoyer une compagnie de mobiles à demeure à Houlbec, pour les soutenir, et ils la recevront avec bonheur quand elle arrivera. Les Prussiens envoient chaque jour des éclaireurs vers les lignes que nous avons formées, et, s'ils les voient bien gardées, ils renonceront au projet qu'ils ont de les franchir. Je vous prie instamment de faire en sorte que la compagnie que j'ai demandée pour Houlbec y soit envoyée. Rien de nouveau à Vernon : tout est calme. »

Cette activité, portée vers la défense, que montrait le bataillon Malide, était partagée par le bataillon de la Croix-Saint-Leufroy (vallée d'Eure), commandé par M. E. Laquerrière, et par le bataillon de Mesnil-Jourdain (vallée d'Iton), commandé par M. Marc-d'Argent. Le voisinage de l'ennemi avait enfiévré toutes ces populations.

Mais c'est l'affaire d'Évreux qui mit dans tout son jour leur bonne volonté, leur courage et même, disons plus, leur témérité. Là, le rôle principal fut joué par la garde nationale de Louviers.

Dès le 15 septembre, une compagnie d'élite, composée en partie d'anciens militaires, était complétement équipée et armée, presque à ses frais. Elle comptait 30 fusils chassepot. L'organisation des autres compagnies, au nombre de cinq, marcha rapidement, et, le 6 octobre, le lendemain de l'occupation de Pacy, une forte reconnaissance put être envoyée sur la route de ce nom jusqu'à la Croix-Saint-Leufroy. Dans le courant de ce mois, un poste ayant été établi en permanence au pont d'Andé, les gardes nationaux de Louviers en firent le service alternativement avec ceux des communes environnantes.

J'emprunte volontiers une page aux *Souvenirs d'un mobile du Vexin* qui apprécie ainsi notre milice citoyenne :

« ..... Quant à la garde nationale et à la compagnie de pompiers, elles n'avaient pas, avant les derniers événements, cet air grotesque que l'on remarqua chez celles de beaucoup d'autres villes. Leur organisation était sérieuse, et les chefs dirigeaient les manœuvres comme d'anciens troupiers..... » (p. 7.)

Elle était prête à marcher tout entière le 19 novembre, lorsque les Prussiens attaquèrent Évreux pour la première fois. Nous apprîmes cette nouvelle à cinq heures du soir, par une dépêche du préfet, ainsi conçue :

« Évreux, 19 novembre, 5 h., soir.

« Les Prussiens ont tiré une vingtaine de coups de canon sur Évreux. Les gardes nationaux ont résisté, et l'ennemi s'est replié aux environs. On suppose qu'il reviendra en force demain. »

Cette supposition était assez probable. Voici, en deux mots, ce qui s'était passé :

Vers quatre heures du soir, les Prussiens, au nombre de 300 cavaliers environ, étaient venus par la route de Nonancourt et avaient fait halte un peu au-dessus du village de la Madeleine. De là, un groupe de cavaliers et de fantassins descendit jusqu'à mi-côte et disposa deux canons en batterie. Déjà deux éclaireurs, suivis de plusieurs autres, étaient parvenus, le pistolet au poing, jusqu'au Lycée. Mais l'alerte est vite donnée. Les éclaireurs, salués à coups de fusil par des mobiles, des gardes nationaux isolés et même des ouvriers, accourus au premier bruit, rejoignent précipitamment le groupe posté au-dessus du pont du chemin de fer. En un instant, une colonne se forme et les suit au pas de course. Bientôt la fusillade s'engage. Pendant ce temps, le chef de gare et ses employés réussissent à évacuer sur Conches plusieurs wagons chargés d'armes et de munitions qui, sans leur dévouement, allaient tomber aux mains de l'ennemi.

D'autres colonnes de gardes nationaux se disposent à appuyer les premières. Mais les assaillants, qui ne comptaient apparemment pas sur cette explosion de courage, prennent le parti de se retirer, non sans avoir, au préalable, lancé sur la ville des obus qui heureusement n'atteignirent personne. Cette échauffourée coûta la vie à une femme, la dame Chérel, et à un maréchal des logis prussien.

Quant au général de Kersalaün, après avoir un peu hésité sur la conduite qu'il devait tenir, il se décida pour la retraite et se rendit à Gaillon, comme on l'a déjà vu, en donnant l'ordre à toutes ses troupes de se replier sur Conches.

C'est ainsi qu'Évreux se sauva lui-même d'une tentative qui était sans doute le résultat de quelque fanfaronnade après boire. Si elle eût réussi, ce qui n'était pas impossible, l'histoire l'eût enregistrée avec regret.

A Louviers, à peine avait-on reçu la dépêche du préfet, que M. Fontaine demandait avec instance des secours au général Briant, qui ne les fit pas attendre. En effet, il envoya dès le lendemain le commandant Rousset avec 800 hommes du deuxième bataillon de marche, et promit de le faire suivre par plusieurs autres bataillons. Le préfet demandait non-seulement des troupes, mais le général en personne, et autant de gardes nationaux qu'on en pourrait envoyer.

Ceux de Louviers étaient prêts. Ils s'avancèrent, dans l'après-midi du 20, sur la route d'Evreux, jusqu'au bois des Faulx. C'est là que le commandant Poussin reçut un ordre ainsi conçu :

« Ordre à la garde nationale de Louviers de se rendre à Évreux, pour marcher au-devant de l'ennemi.

« Verney. »

En conséquence, il se dirigea sur cette ville, où il entrait à sept heures du soir. On distribua des billets de logement, et les hommes furent accueillis par les habitants de la manière la plus cordiale.

A trois heures du matin eut lieu à l'hôtel de ville une réunion présidée par M. l'abbé Lebeurrier, membre du comité de défense. Tous les commandants des gardes nationales qui s'étaient rendues à l'appel du préfet y assistaient. Aucun d'eux n'ayant voulu accepter le commandement en chef qui leur fut offert, on décida que chaque bataillon se porterait, en avant d'Évreux, sur les routes qui y aboutissent, et que le commandant du 41° de marche prendrait la direction générale.

Le bataillon de Louviers fut chargé de garder les routes d'Évreux à Pacy et de Gravigny à Gauciel. Le commandant prit position au pont de la Guillotine. Vers le milieu de la journée, une patrouille poussa une reconnaissance entre Cracouville et Guichainville. Des dragons prussiens s'avançaient à sa rencontre; la petite troupe se masqua derrière un mur; mais la précipitation d'un garde national qui tira trop tôt leur fit tourner bride; ils partirent à fond de train et ne reparurent pas de la journée.

Le lendemain, sur les instructions du commandant Richard, du 41° de marche, trois compagnies furent envoyées à Miserey, et une autre au Coudray, avec mission d'envelopper les éclaireurs prussiens qui chercheraient à pénétrer dans leurs lignes. Ces derniers se présentèrent en avant de

Miserey et échangèrent quelques coups de fusil avec les avant-postes. Un sous-officier de la deuxième compagnie, s'étant trop avancé, fut contraint de se jeter dans un bois où il faillit être cerné. Ses camarades le dégagèrent en marchant résolûment contre les Prussiens qui lâchèrent pied. Un officier de la quatrième compagnie essuya, avec les hommes qu'il commandait, une décharge de plusieurs dragons. Cette journée prouva que les gardes nationaux de Louviers, qui allaient au feu pour la première fois, étaient capables de s'y bien comporter.

Le 22 novembre, un bataillon de mobiles étant de service, le retour à Louviers fut décidé. Et ce n'était pas sans motifs, car, après trois jours de marche à travers les terres labourées, détrempées par une pluie continuelle, les hommes, dont un bon nombre avaient une chaussure insuffisante, éprouvaient le plus grand besoin de repos. Les Prussiens, d'ailleurs, paraissaient avoir abandonné Évreux.

Le ministre de l'intérieur adressa au préfet des félicitations pour la belle conduite de ses gardes nationaux. Et elles étaient bien méritées, car l'élan fut immense. Tous accoururent à Évreux, avec ou sans fusils, avec ou sans uniforme, au risque d'être enlevés par les Prussiens, dont on ne connaissait ni le nombre ni les intentions définitives. C'est à peine si l'on s'en occupait! Aussi, le préfet, dans sa proclamation aux gardes nationales, disait-il :

« ..... Merci à vous, braves gardes nationaux de nos campagnes et de Louviers. Vous êtes accourus, au premier appel, au secours de votre chef-lieu de département.

Vous avez concouru à éloigner définitivement l'ennemi par votre attitude déterminée, par votre zèle à accomplir le service pénible d'une troupe en campagne. Merci à tous, car votre élan patriotique, votre courage, porteront leurs fruits. Vous avez démontré au reste de la France que notre vieux sang normand n'a pas dégénéré, et que l'heure a sonné des luttes sacrées et de tous les sacrifices pour la patrie. »

Le succès moral obtenu par les gardes nationaux dans la campagne d'Évreux aurait sans doute produit d'excellents résultats, si la guerre de pillards que nous faisaient les Prussiens depuis deux mois ne se fût changée tout à coup en une formidable expédition. Dans les premiers jours de décembre, tout le monde était encore debout. Le chef de bataillon Malide décrit ainsi la situation de sa ligne de défense :

« Voyant que j'étais appelé à faire le service de grand'garde pour quelque temps, puisque l'ennemi ne faisait aucun mouvement en avant, je divisai mon bataillon en deux parties, afin que les hommes fussent de service tous les deux jours. Par ce moyen, j'avais tous les matins 350 hommes frais et dispos pour relever les postes. Je me plais à le dire, aidé dans ce service par plusieurs compagnies du canton de Vernon qui avaient bien voulu se joindre à moi, je tenais une ligne de 8 kilomètres d'étendue, ma gauche appuyée à la forêt de Bizy, où je communiquais avec le colonel Thomas, de l'Ardèche ; ma droite appuyée sur Houlbec-Cocherel, où se trouvaient les francs-tireurs de Caen. Un peu plus loin, sur le versant des coteaux de la vallée d'Eure, se trouvait le premier poste de M. E. Laquerrière (bataillon de la Croix-Saint-Leufroy). Je restai dans cette position jusqu'au 7 décembre, jour où l'on vint de Gaillon, dans la nuit, me demander si les hommes de garde pour le matin devaient se rendre à leur poste, Rouen étant au pouvoir de l'ennemi et toute la contrée envahie. A cette nouvelle, j'ordonnai que chacun restât chez soi, et je partis immédiatement pour Réanville et Mercey, afin de lever tous mes postes. Il n'y avait plus de raison de nous garder en avant, puisque nous étions débordés en arrière. »

Un pareil dénoûment était bien loin de celui que semblaient mériter les efforts de tant de braves gens. Une dépêche de Rouen, du 1er décembre, aurait pu faire concevoir d'autres espérances. Voici ce qu'elle portait :

« Rouen, 1er décembre, 6 h., soir.

« *Secrétaire général à préfet, Évreux ; sous-préfets, Louviers, Bernay, Pont-Audemer, Andelys.*

« Rouen vient de recevoir avis officiel de grande victoire à Paris et de la sortie du général Ducrot, qui occupe la Marne. Préparez toutes vos forces, hommes et armes, pour agir selon les ordres que pourrait vous donner le général Briant ou ceux sous ses ordres. »

Une telle dépêche annonçait, à n'en pas douter, des projets de concentration et de marche en avant. On se croyait déjà sur le chemin de Paris, tendant la main à Ducrot ou à Vinoy ! Le 3 décembre, le gouvernement de Tours télégraphiait cet autre avis qui était comme une objurgation à boucler son sac et à emboîter le pas :

« Rouen, 3 décembre, 12 h., matin.

« *Intérieur à préfets et sous-préfets.*

« Faites afficher dans toutes les communes, sous votre signature, l'avis suivant :

« Au moment où la résistance nationale doit se livrer à un immense et suprême effort sur toute l'étendue du territoire, le gouvernement de la République invite les gardes nationaux sédentaires de toutes les communes appelées à prendre part à des combats contre l'ennemi, de quelque importance qu'ils soient, à se considérer comme soldats et à s'inspirer de tous les devoirs de la vie militaire. Le premier service que les gardes nationaux doivent rendre, c'est de se montrer prévoyants pour eux-mêmes. Ils ne devront quitter leurs foyers qu'avec leurs armes en bon état, leurs munitions soigneusement mises à l'abri, et pourvus de chaussures de chasse ou de route, susceptibles de résister à de longues marches, et d'un sac contenant des provisions de vivres. Ceux de nos concitoyens qui voudraient faire de leur fortune ou de leur aisance un noble et patriotique usage, penseront à leurs voisins plus pauvres, en les aidant de leur bourse et de leurs conseils. Il s'établira ainsi, entre tous les habitants d'une même contrée, une confraternité militaire qui contribuera puissamment à la bonne attitude des troupes, et ces précautions, qui ne sauraient coûter à l'initiative individuelle aucun effort, seront pour l'administration de l'intendance un concours et un soulagement précieux. MM. les préfets sont invités, d'ailleurs, à prendre toutes mesures dans le sens de cet avis, et à rendre compte au ministre de l'intérieur et de la guerre. »

Certes, le patriotisme ne manquait pas aux gardes

nationaux; cependant plus d'un, à la lecture de cet ordre de route, dut sentir le frisson lui courir de la tête aux pieds! Ce n'est pas que l'idée d'une *levée en masse* n'eût fait son chemin jusque dans les meilleurs cerveaux. Mais de la conception à l'exécution, il y a tout un abîme. A propos de levée en masse, je retrouve une lettre adressée à l'administration, dès la fin de septembre, qui contient à cet égard des aperçus saisissants :

« La levée en masse nous fera grands à nos propres yeux. Elle nous fera invincibles..... pas de temps à perdre..... Que l'exemple de l'exécution impose le patriotisme. Que M. Crémieux aille à la frontière du Midi ; que l'amiral Fourrichon se rende à celle de l'Ouest, et M. Glais-Bizoin à celle du Nord. Qu'en revenant sur Paris, ils entraînent à leur suite toutes les communes, ayant à leur tête toutes les autorités. Que le rendez-vous soit pour nous tous à 20 lieues autour de la capitale. Et dans quinze jours, moins peut-être, 5 millions d'hommes se serreront, se fortifieront les uns les autres, et cerneront les armées prussiennes. Ces phalanges, ces murailles humaines tomberont toutes ensemble sur nos terribles envahisseurs. D'abord nous périrons par milliers ; mais en passant sur les immortelles dépouilles de nos frères, nous atteindrons le dernier Prussien. Ainsi, il ne nous faudra que quelques jours de dévouement pour qu'il n'y ait plus, sur le sol de la France régénérée, de traces de nos ennemis, que leurs impuissants cadavres. Aux armes donc ! et la France est sauvée !..... »

Malheureusement, quelles que fussent les aspirations des citoyens ou du gouvernement, il n'en put être ainsi. Les gardes nationaux saisirent, il est vrai, une dernière fois leur fusil, mais ce fut pour le remettre aux mains de l'autorité municipale.

Le désarmement ne s'opéra ni assez promptement, ni avec assez d'ensemble pour soustraire toutes les armes à l'ennemi. La plupart furent dirigées sur Bernay et servirent aux mobilisés qui en manquaient; les autres furent cachées en terre, dans des fosses recouvertes de paille ou de mousse, dans les combles des églises, et jusque dans les rivières, aux endroits où l'eau est profonde et tranquille. Les Prussiens en brisèrent environ 500. Dans le courant de la campagne, on avait distribué à peu près 4,000 fusils pour un effectif de 7,000 gardes nationaux.

Quelque urgence qu'il y eût à désarmer devant un ennemi formidable, cette idée antifrançaise ne put pénétrer dans tous les cerveaux. A Louviers, on accusait le sous-préfet d'avoir provoqué cette mesure. Il crut devoir entrer dans quelques explications à cet égard :

« ... On a prétendu, écrivait-il, que j'avais ordonné le désarmement de la garde nationale. Cette allégation est absolument fausse. Vous avez tous été témoins de mes efforts pour organiser la défense, dans les limites qui m'étaient permises. Ces efforts ont été différemment accueillis; ils ne peuvent être méconnus.

« L'occupation de Rouen et de la Seine-Inférieure par 40,000 Prussiens, l'abandon de Vernon, d'Évreux, de Louviers par toutes les troupes françaises, nous laissant à découvert de tous côtés, avaient complétement changé la situation. Nos moyens de défense étaient réduits à la garde nationale dont j'ai toujours reconnu le courageux dévouement, mais qui devenait insuffisante par le nombre et les munitions, en présence des forces ennemies qui s'avançaient.

« J'ai réuni MM. les officiers du bataillon de Louviers; après leur avoir exposé les événements douloureux qui nous frappaient, j'ai dit que je ne pouvais prendre la responsabilité de conseiller à des pères de famille de marcher au combat, pour tenter une défense reconnue impossible par l'autorité militaire; défense dont l'insuccès était certain, et qui attirerait sur cette ville de graves représailles; que, selon moi, deux partis seulement restaient à prendre : aller concourir à la défense commune à Serquigny, où les troupes françaises étaient concentrées, ou bien exécuter le décret du Gouvernement prescrivant aux gardes nationaux sédentaires de céder leurs fusils aux gardes mobilisés non armés.

« J'ai invité MM. les officiers à délibérer sur cette alternative, et je me suis retiré. La seconde détermination a été adoptée; les fusils de la garde nationale de Louviers ont été remis à Bernay aux mobilisés.... »

Du reste, à part une certaine effervescence bien naturelle, le désarmement ne donna lieu à aucun incident fâcheux.

Il n'en fut pas de même dans la circonscription de Gaillon. Malgré les ordres du commandant Malide, une vingtaine de gardes nationaux retournèrent s'embusquer dans les bois de Réanville,

Mercey et Sainte-Colombe. Le 7 décembre, rien ne parut; mais le 8, une colonne d'éclaireurs prussiens, partie le matin de Douains, se dirigea tout entière sur Réanville. De là, les uns se portèrent sur Gaillon directement, les autres prirent par Saint-Pierre-de-Bailleul et par le Goulet. Tout se passa bien en allant; mais, au retour, ceux qui étaient allés par la route d'en haut essuyèrent une décharge dans le bois de Sainte-Colombe. Un cheval resta sur la place. L'officier commandant paraissait fort inquiet; il se mit sous la protection du maire de Réanville et envoya deux éclaireurs en avant sur Mercey; mais, en sortant du premier bois, ils furent reçus à coups de fusil; un homme tomba mort; l'autre, se sauvant vers les maisons, fut salué par le feu des gardes nationaux, à l'entrée même du village. Démonté et blessé à la main, il fut fait prisonnier. Comme il souffrait beaucoup, on le mit dans une voiture et on le transporta à la maison centrale de Gaillon, où il resta environ six semaines. Ses compatriotes, qui vinrent fréquemment le visiter, furent témoins des soins assidus dont il était l'objet.

Que bien différent fut le sort réservé aux pauvres gardes nationaux qui tombèrent entre les mains de l'ennemi !

Bourgeois (Louis-Thomas) et Clément (Alexandre), qui faisaient partie de cette guérilla, furent délogés des bois où ils s'étaient réfugiés, après l'affaire du 8 décembre, par les balles prussiennes qui arrivaient de toutes parts, à travers le taillis. En sortant du bois, à la vue même des Prussiens disséminés dans la plaine, ils cachèrent leurs fusils sous la neige, et continuèrent à marcher sur la tuilerie de la Cailleterie. A 500 mètres environ de cet établissement, deux cavaliers fondirent sur eux, le sabre à la main. Dans cette course rapide, Bourgeois fut renversé par le poitrail d'un cheval, et reçut, en se relevant, un coup de plat de sabre en travers des épaules. Au moment même de leur arrestation, ils furent fouillés *jusque dans leurs chaussures*. Conduits à Douains, avec quatre autres paysans arrêtés dans le parcours, ils couchèrent au poste, parmi les soldats, tous les six liés ensemble par les pieds. Pour leur attacher les cordes, on les avait fait placer debout, le long de la muraille du poste. Pendant cette opération, un sous-officier se tenant à distance, avec un revolver d'une main et *un fouet* de l'autre, leur criait : *Vous, francs-tireurs; vous, capout!*

Puis, on leur jeta une botte de paille, et on leur fit signe de se coucher. Je n'ai pas besoin d'ajouter qu'ils dormirent peu.

Le lendemain matin, ils demandèrent la permission d'acheter un peu de cognac. « Du cognac! de l'eau, c'est assez pour vous! » Sur cette réponse, on les mena devant un officier supérieur : « Où alliez-vous, dit-il à Clément et à Bourgeois, quand on vous a pris? — Nous allions tous les deux acheter des tuiles dont nous avions besoin. — Vous n'avez pas de papiers? — Non, dans un pays si près du nôtre, nous n'avons pas pensé en avoir besoin. »

Aussitôt après l'interrogatoire des six prisonniers,

fait séparément, on réquisitionna des voitures pour les conduire à Pacy, puis à Bueil et à Berchères (Seine-et-Oise). On coucha là, comme la nuit précédente, *sans souper*. Seul, un vieillard de 72 ans, le sieur Renout, reçut un morceau de pain qu'il voulut partager avec ses compagnons d'infortune... tous refusèrent. Au réveil, on leur dit qu'ils allaient partir pour Chartres; mais, vers dix heures, Bourgeois et Clément furent mis en liberté, avec les sieurs Renoult et Langlois.

Ce drame qui finit là si à propos pour ces gens se continua bien tragiquement pour deux de leurs camarades de Villez-sous-Bailleul, pris les armes à la main, dans la même embuscade. C'étaient Pierre Langlois et Alexandre Poldefer. De Berchères, ils furent dirigés sur Nogent-le-Rotrou et Chartres, où ils séjournèrent un mois. Conduits à Houdan, ils furent condamnés, par un conseil de guerre, à dix années de travaux forcés, sans appel. Le lendemain, il fallut partir pour la Prusse. A Corbeil, une de leurs étapes, ils réussirent à tromper la surveillance de leurs gardiens et à s'évader, grâce au dévouement d'un conducteur de voitures chargées de réquisitions. Nantis d'habits d'emprunt et cachés d'abord sous un tas de paille, que les soldats escaladaient à chaque instant, ils purent sortir, séparément, avec leur sauveur, sans être remarqués. Une fois hors de leur prison, ils entrèrent dans une auberge et se mirent à manger parmi les Prussiens. Ils eurent le bonheur d'échapper à tant de dangers et de regagner leur pays, en suivant toujours les bois et ne voyageant que la nuit. Au bout de cinq jours, ils étaient rendus à leurs familles. Mais ils durent se tenir cachés tant que dura l'occupation.

Telle fut la triste fin de la campagne du bataillon de Gaillon.

LE GÉNÉRAL ESTANCELIN A LOUVIERS

C'est le 30 septembre, à cinq heures du soir, que le général Estancelin, commandant supérieur des gardes nationales de Seine-Inférieure, Calvados et Manche, arriva à Louviers, se dirigeant sur Rouen. Le général venait, disait-on, de pousser une reconnaissance jusqu'à Meulan « *en chassant devant lui les détachements prussiens qui infestaient le pays* ». Les gardes nationales des communes environnantes avaient été convoquées, et stationnaient sur la place Royale depuis le matin. Elles présentaient l'aspect le plus bigarré qu'il soit possible de voir : presque partout des blouses bleues ou grises, quelques képis, de mauvais sabres pendus à une antique buffleterie, peu ou point de fusils. Des pompiers, avec leur casque, se détachaient vigoureusement sur ces groupes à l'attitude peu militaire. Une revue des gardes nationales, dans de pareilles conditions, ne pouvait guère conserver un caractère sérieux. Comme dernier trait au tableau, l'entrée du général eut un air de parade qui contrastait avec la mission aventureuse qu'il s'attribuait. Il parcourait à cheval, en distribuant de gracieux saluts, je ne dirai pas les rangs, mais la foule des gardes nationaux qui, à sa vue, oubliaient souvent de porter les armes. Les tambours battaient aux champs. Quelques lanciers qui composaient son escorte faisaient involontairement songer aux uhlans dont ils avaient le schapska. Comme dédommagement à cette mise en scène d'un goût risqué, le général apportait de bonnes nouvelles qu'il avait reçues de Paris par un ballon tombé à 3 kilomètres de Mantes.

La nuit venue, les gardes nationaux des campagnes, un peu émus par le spectacle qu'ils avaient eu sous les yeux, et par quelques libations indispensables, retournèrent chez eux, tambour ou clairon en tête.

On ne revit pas le général, et l'impression qu'il avait laissée s'effaça promptement devant des événements plus sérieux.

LES GARDES NATIONALES DU NEUBOURG ET D'AMFREVILLE-LA-CAMPAGNE A TOSNY ET AU PETIT-ANDELY

L'histoire de cette guerre est féconde en paniques. Les troupes novices, émues par les rapports des populations terrifiées, ont vu partout des masses compactes de Prussiens. Ici, la nature avait tout simplement placé des roches noirâtres, des sapins d'un vert sombre ; là, se trouvaient par hasard des moutons, des corbeaux, etc. Qu'arrivait-il, sous l'empire de la peur ? Les roches se mettaient en marche ; la sapée caracolait et agitait de longues lances ; les moutons chargeaient à fond de train, et le croassement du corbeau était le cri du combat ! Les gardes nationales du Neubourg et d'Amfreville n'ont pas échappé à cette contagion.

Depuis la rupture du pont des Andelys, l'autorité militaire faisait surveiller cette partie de la Seine avec assez de soin, en envoyant tantôt des mobiles, tantôt des francs-tireurs se relayer sur la rive gauche.

Il y avait néanmoins des intermittences qui n'accusaient pas un plan parfaitement arrêté, ou qui résultaient d'un trop grand décousu dans l'exécution. Le 23 octobre, le sous-préfet de Louviers fut avisé que le poste du Petit-Andely se trouvait pour ainsi dire abandonné, et que les Prussiens allaient avoir beau jeu pour se jeter sur nous par cet endroit.

Toutes les gardes nationales avaient déjà fait quelque pénible corvée. Restaient celles du Neubourg et d'Amfreville qui paraissaient assez bien équipées, et qui n'avaient pas encore essayé leurs chaussures. Elles furent immédiatement requises de se transporter à Louviers d'abord, et de là au poste du Petit-Andely (rive gauche).

L'arrivée des deux bataillons s'effectua avec une promptitude louable, et le lundi 24, à quatre heures du matin, ils cheminaient sur la route de Venables, avec du fromage de Gruyère dans leur sac pour toute pitance. Rendus à destination, l'aspect d'un pays découvert et la menaçante silhouette du Château-Gaillard commencèrent à ébranler le moral des hommes. Les récits des populations, fatiguées de loger et de nourrir des soldats, ne contribuèrent pas à les rassurer. On leur dit que l'autorité militaire ne jugeait pas ce poste tenable ; qu'elle avait rappelé les mobiles qui le gardaient (il ne restait qu'une compagnie et quelques francs-tireurs); que les Prussiens allaient et venaient communément sur l'autre rive; qu'ils pourraient être enveloppés avant même de s'en douter. Sur les six heures du soir, on crut entendre des cavaliers passant au galop, ainsi que des cris : les Prussiens! les Prussiens! Peu après, un mobile *déguisé* vint avertir que l'ennemi devait le lendemain matin balayer toute la rive gauche....

De pareils propos eurent bientôt tourné toutes les têtes. Les deux commandants, MM. Viel et de Boury, dont l'un était à Tosny et l'autre à Port-Morin, se consultèrent pendant la nuit, et des intermédiaires avisés obtinrent des ordres de départ, en les assurant réciproquement que chacun d'eux s'était décidé à la retraite. Le fait est que nos gardes nationaux abandonnèrent la place à deux heures du matin, et marchèrent avec grand entrain sur Louviers, persuadés qu'ils allaient avoir des nuées de Prussiens à leurs trousses. Ils atteignirent cette ville sur les sept heures du matin, exténués de faim et de fatigue, et opérèrent dans la journée même leur rentrée au Neubourg et à Amfreville, à l'aide de charrettes qu'ils firent venir de toutes les campagnes environnantes.

LES COMITÉS DE DÉFENSE

Dans la première quinzaine de septembre, un comité de défense nationale s'organisa à Évreux. M. d'Orvilliers, ancien capitaine de cavalerie, fut nommé *délégué supérieur central*, avec mission de diriger la défense du département et d'exécuter les décisions du comité. Des sous-comités furent institués dans les arrondissements. Le programme de ces comités était exposé de la manière suivante dans une note publiée par les journaux :

« Notre département est sérieusement menacé. Les habitants des campagnes peuvent compter voir les Prussiens venir se ravitailler chez nous. Que faut-il faire? La réponse est fort simple : faire le désert partout. L'ennemi ne viendra que par petits corps détachés, pour emmener des convois de vivres. Coupons nos routes..... Quand toutes les routes seront coupées et couvertes d'obstacles de toute nature : abatis d'arbres, cailloux jetés à la pelle, *verre cassé*, piquets, etc., etc., par où passeront les convois? En rase campagne? Impossible. Éloignons des villages les chevaux et les voitures; qu'il ne reste pas un cheval dans la commune. Comment l'ennemi emmènera-t-il vos grains, puisqu'il ne trouvera aucun moyen de transport, ni chevaux, ni voitures, ni routes?... Le vide devant l'ennemi, c'est la victoire; la victoire dans quinze jours, *sans coups de fusil, par la famine*........ »

Un tel succès pouvait bien laisser quelques doutes ; mais le comité avait raison, en principe, de chercher les moyens d'arrêter la marche de l'ennemi. On pouvait conjecturer, à cette époque, que nous n'aurions affaire qu'à des corps détachés, à des fourrageurs qui ne tiendraient pas devant une résistance un peu sérieuse.

Je crois que les combats livrés autour de nous par nos mobiles et nos francs-tireurs nous mettent à même aujourd'hui d'affirmer que l'envahissement de la Normandie eût été chose difficile pour les Prussiens, si la reddition de Metz ne leur eût permis de disposer de forces considérables.

Quant au principe même de la défense, eût-il été le plus pernicieux du monde, il ne nous était pas permis de le discuter sérieusement. La guerre étant un fait, nous n'avions plus qu'à chercher les moyens de nous défendre le moins mal possible. Personne ne pouvait, à l'exemple du personnage de la comédie d'Aristophane, traiter de la paix pour soi tout seul et se retirer ensuite tranquillement dans sa maison. En dépit des défaillances partielles, les populations et les autorités locales admettaient d'instinct ce grand devoir de la défense.

Dès le mois d'août, le maire de Louviers faisait afficher une circulaire qui débutait ainsi :

« Décidément l'armée prussienne marche sur Paris et va l'assiéger. Que Dieu protége nos soldats et assure le succès de nos armes !

« Je me suis préoccupé des conséquences graves que ce siége peut avoir pour les contrées qui environnent la capitale dans un certain rayon. En conséquence, je viens de m'adresser à l'autorité supérieure, afin qu'il soit pourvu sans aucun retard aux moyens de repousser l'ennemi par la force, si ses éclaireurs venaient jusqu'ici pour nous rançonner. »

Même après la reddition de Metz, c'est-à-dire au moment où la lutte allait devenir impossible, des adresses au Gouvernement surgissaient de toutes parts. La ville de Louviers ne résista pas à cet élan patriotique. Le 7 novembre, le conseil municipal vota l'adresse suivante :

« *A MM. les membres du gouvernement de la Défense nationale.*

« Messieurs, la commission municipale de Louviers, se considérant comme l'interprète des sentiments de la population, donne au gouvernement de la Défense nationale l'assurance de sa confiance entière en son dévouement au salut de la patrie.

« A l'exemple de Paris, la ville de Louviers maintient les pouvoirs du gouvernement de la Défense nationale, jusqu'au moment où une assemblée librement élue par la France pourra la gouverner.

« Jusque-là, l'unique préoccupation de tous les cœurs vraiment français doit être la délivrance du pays et la répression énergique des criminelles tentatives de désordre et d'anarchie.

« Tels sont les sentiments unanimes des membres de la commission municipale de Louviers.

« Vive la France ! »

Pour revenir au Comité de défense de l'Eure, son programme était très-modéré, si on le compare aux élucubrations de ce genre qui remplissaient les colonnes des journaux. Quelques-uns ne proposaient rien moins que l'abandon complet des localités menacées par l'ennemi :

« Si l'ennemi se présente, qui empêcherait chaque village menacé de se rassembler en bon ordre et de se replier, commune par commune, vers un endroit désigné d'avance par les autorités? Le maire et les conseillers, aidés de la garde nationale sédentaire, pourraient maintenir l'ordre et organiser dans chaque *paroisse* la retraite, qui ne s'effectuerait que d'après un arrêté du préfet, désignant tour à tour les communes les plus menacées... Chaque commune recevrait une place indiquée d'avance, qu'elle ne pourrait abandonner sans ordre exprès. Les cultivateurs seraient requis d'employer leurs chevaux et chariots au transport des objets les plus indispensables, et, arrivés à destination, toutes les voitures, placées en forme de ceinture, formeraient le campement respectif de chaque commune. Les nombreux bestiaux, rassemblés et conduits par les habitants d'une même commune, seraient gardés dans les bois et forêts environnant le camp, et, au besoin, répartis dans les immenses prairies, le long de la Seine. » (*Nouvelliste de Rouen* du 24 septembre.)

Ne croirait-on pas qu'il s'agit des Cimbres et des Teutons?

De tous ces moyens, le seul vraiment pratique, raisonnable, consistait à multiplier les obstacles sur les routes ordinaires, par des coupures et des abatis de bois. C'est aussi ce qui fut fait sur tous les points, dans l'Eure, la Seine-Inférieure et le Calvados.

A l'origine, on n'imaginait pas que l'invasion s'opérerait avec un ensemble et une rapidité tels que toutes nos forces devraient, à un moment donné, laisser le pays à découvert. Autrement, il eût été bien inutile de couper les routes et de faire sauter les ponts. Mais on croyait pouvoir maintenir la résistance sur un pied assez sérieux pour défendre les rivières que l'on isolait et les routes que l'on rendait impraticables. C'est là l'excuse des personnes qui ont mis la main à ce travail, et qui ne pouvaient se rendre compte à l'avance de son inanité.

Le sous-comité de défense de Louviers, dont les membres les plus actifs étaient MM. Huvey, Mordret et Charles Marquais, participa à tous les travaux qui furent jugés nécessaires pour rendre les abords de la ville inaccessibles, non pas à des corps d'armée, mais à des bandes comme celles qui pillaient le Vexin, les environs de Vernon, Pacy, Saint-André. Le service des ponts et chaussées et le service vicinal s'associèrent à cette œuvre.

Sur les points qui paraissaient les plus menacés, on construisit des redoutes en terre, et l'on y plaça les premiers canons en fonte qui sortirent des usines d'Elbeuf et de Louviers. Venables, du côté de la Seine, et Becdal (commune d'Acquigny), du côté d'Évreux et de Pacy, furent ainsi fortifiés. Le général Briant, qui s'était rendu à Louviers, lors de l'affaire d'Évreux (21 novembre), fut mis au courant des travaux du comité, et y donna son approbation. Ce n'était donc plus une œuvre locale, conçue en l'air : elle avait la sanction des hommes du métier.

Aujourd'hui que nous avons été bien convaincus d'impuissance, et que nos yeux sont dessillés, nous sommes assez disposés à faire de l'esprit sur les chevaux de frise et les sauts de loup qui n'ont jamais culbuté que nos propres voitures. Mais, si l'on veut bien se reporter à ces temps désastreux où le danger ôtait toute envie de rire, on ne trouve plus de place pour l'ironie. Les spectacles les plus singuliers ne surprenaient personne. Ainsi, quoi de plus étrange que de voir des fonctionnaires de l'ordre administratif, un préfet, un sous-préfet, transformés en militaires, bottés jusqu'aux genoux, éperonnés, courant à cheval, passant des revues, dirigeant, de leur cabinet, des expéditions de francs-tireurs ou de gardes nationaux?

Nous avons assisté à tout cela, et nous n'avons pas ri, parce qu'au fond, bien que les moyens fussent défectueux ou même puérils, les intentions étaient droites, et qu'il ne nous était pas donné de faire mieux ni autrement.

ARTILLERIE DE LOUVIERS

ENGINS DE GUERRE
(CURIOSITÉS)

Ce n'était pas seulement à Paris que les cerveaux, en proie à la fièvre, battaient la campagne. Nous avons eu nos illuminés, nos inventeurs d'engins capables de faire sauter l'armée allemande d'un seul coup, si elle voulait bien prendre la peine de se placer comme on lui dirait.

Dès le mois de septembre, les journaux publiaient une lettre d'un Normand de Caen, qui offrait *cent mille francs* à l'inventeur de la meilleure torpille souterraine qui détruirait le plus d'ennemis. Un mécanicien d'Elbeuf répandait à profusion une circulaire qui peut être considérée comme un monument du genre. En voici quelques extraits :

« A 3 ou 4 kilomètres de l'entrée des villes et villages, sur toutes les routes qui donnent accès à ces localités, on ferait des tranchées de 4 mètres de largeur, 3 mètres de profondeur, de toute la traversée de la route, plus 4 mètres à droite et à gauche, sur les terrains riverains; la terre qui sortirait des tranchées ferait un mamelon près de la fosse beaucoup plus étendu que le fossé et servirait de rempart. Quant aux routes qui sont bordées de roches, on pourrait employer la mine pour en détacher une partie, afin d'obstruer la voie et de faire une barricade.

« A 300 mètres plus loin, on ferait des fossés de 60 à 80 centimètres de profondeur et en zigzag, dans lesquels on enterrerait des tuyaux en tôle mince, remplis de poudre ; ces tuyaux seraient recouverts de cailloux criblés, pour en faire autant de projectiles, en dissimulant le tout avec la poussière de la route, *afin que cette nouvelle mitrailleuse soit inaperçue* à l'œil de l'ennemi. Pour allumer la mèche de cette machine infernale prise à la nature, il faudrait autant de piles que nous avons de routes, et chaque pile serait composée de 30, 40 ou 50 éléments, selon la puissance que l'on veut obtenir. Ces éléments seraient munis de fils conducteurs de 50 ou 100 mètres de longueur, pour porter l'étincelle électrique à la mèche, selon la distance que l'on prend pour se mettre à l'abri de l'ennemi. »

Puis vient une recette pour faire de la poudre, en cas de besoin. Enfin la circulaire se termine ainsi :

« Il nous faut encore un autre accessoire pour combattre : ce sont des lampes électriques, pour *fasciner* et *brouiller* pendant la nuit la vue de l'ennemi, *s'il vient !*

« Ces lampes, posées sur une hauteur dont les fils conducteurs correspondent à la batterie électrique, permettraient d'apercevoir l'ennemi, sans qu'il puisse nous voir.

« Le jeu des contacts des pôles nous permet d'éteindre et de rallumer la lumière, de seconde en seconde, ce qui deviendrait insupportable à la vue de l'ennemi. »

Avec de tels moyens, il n'est pas difficile de se

rendre compte des progrès que nous avions faits sur les anciens qui se contentaient, un jour de combat, de mettre le soleil dans les yeux de leurs adversaires !

Sans présenter des projets d'extermination aussi complets, la ville de Louviers et les communes voisines eurent leurs Archimèdes. L'un dressait un plan de mitrailleuse perfectionnée (une faucheuse quelconque), et voulait aller tout droit à Tours, pour l'offrir au Gouvernement. L'autre tenait en réserve, discrètement, pour l'employer en temps opportun, une bombe de sa façon, qui éclaterait invisible sous les pieds de l'ennemi, au moyen d'une ficelle. La difficulté était de tirer la ficelle. Un brave ouvrier, dont le patriotisme valait mieux que le cerveau, écrivait sérieusement au sous-préfet que l'on devrait expérimenter un canon en verre de la grosseur d'une pièce ordinaire, se chargeant comme le pistolet de Volta ! Pour lui, l'effet ainsi produit égalerait celui de la foudre !

D'autres, désespérant des efforts de l'homme, ne comptaient plus que sur la protection de la Providence. C'est dans cet esprit qu'un habitant de Louviers fit vœu, au nom de la ville, d'une messe tous les mois, pendant l'espace de dix ans, si l'ennemi ne mettait le pied sur son territoire, ou du moins s'il l'inquiétait peu.

LES CANONS

Tous ces moyens, quelques grands résultats qu'on

pût en attendre, durent être relégués au second rang, lorsqu'il s'agit de mettre la main à l'œuvre. On en revint aux canons, tout simplement. Mais, à ce propos, il est curieux de citer un canon d'une espèce particulière qui, à défaut d'autre, a été indiqué par le *Nouvelliste de Rouen* (8 octobre), comme devant causer à l'ennemi *des pertes sérieuses* et même le détruire en détail :

« Ce canon, portait l'article, est entre les mains de tous les cultivateurs ; je veux parler des *boîtes en fonte* de nos roues de voitures. En enfonçant fortement un coin de bois dans le bout étroit, de telle sorte que la poussée ne puisse que le serrer davantage, cette espèce de culasse résiste parfaitement.

« Des clous, des cailloux, des rognures de fer, etc., serviront de projectiles. 250 grammes de poudre forment une charge suffisante. Le feu, mis comme dans nos mines de carrière au moyen d'une mèche, offre toute garantie aux tireurs. »

C'était là un canon bien primitif. On aurait pu en porter plusieurs sur une brouette, comme faisaient les Flamands dans les guerres du XIVe siècle. Personne n'était à court en fait d'avis, et des zélés ouvraient même celui de fondre les cloches. Un article inséré dans le *Progrès de l'Eure* du 13 novembre contenait à cet égard des incitations très-directes :

« .... Les cloches sont la propriété de la commune, des habitants, des contribuables. La commune, le conseil municipal, la commission administrative ont le droit, sans autorisation aucune, de faire fondre ces cloches, dont l'*inutilité* ne saurait être contestée, même au point de vue du culte, *une simple horloge suffisant à sonner les heures !*

« Les cloches sont des objets de luxe et de vanité.... fondons nos cloches et faisons-en des canons ; ce sera servir la patrie, et le Dieu des armées sera avec nous ! »

Ce n'est pas que les cloches soient inutiles ou même dépourvues de tout agrément, comme le dit l'auteur de cet article ; mais il est certain qu'à ce moment, les canons avaient une raison d'être bien autrement importante. Aussi, dès la fin d'octobre (22), sur un appel du préfet de l'Eure, une souscription était ouverte dans tout le département, pour *achat de canons et de mitrailleuses*. Il fut décidé que les fonds provenant de la souscription des communes de l'arrondissement de Louviers seraient centralisés à la sous-préfecture. Dans le même temps, paraissait le décret du Gouvernement de Tours, portant que chaque département était tenu de mettre sur pied, dans le délai de deux mois, autant de batteries de campagne que sa population renfermait de fois cent mille âmes (3 novembre 1870).

La souscription s'éleva à 12,530 francs, plus 2,000 francs qui furent offerts par le comité d'Évreux ; total, 14,530 francs. C'était bien peu pour monter une batterie d'artillerie. On dut renoncer à l'acquisition de pièces de bronze, et rechercher les moyens d'en couler en fonte. La difficulté principale consistait à les obtenir assez légères pour être facilement transportables.

Les membres du comité de défense, en particulier MM. Huvey, Mordret et Marquais, n'hésitèrent pas à se mettre à l'œuvre. Deux fonderies, celle de M. Béziau, à Elbeuf, et celle de M. Anfray, à Louviers, livrèrent 13 pièces en fonte, tant de position que de campagne. Aussitôt coulées, elles étaient montées, par des industriels de la ville, sur des affûts, avec caissons, volées, etc. Puis, on procédait à leur essai. Une seule, la première, éclata. Les autres donnèrent des résultats assez satisfaisants pour permettre de les utiliser.

Il y avait sans doute longtemps que les échos de Louviers n'avaient répété de pareilles détonations ! Mais Rouen, Elbeuf, Évreux, se donnaient le même spectacle. Dans cette dernière ville, il y eut comme une joûte où l'on essaya des canons de petit et de grand modèle, des mitrailleuses. Un *gros et grand canon*, amené de Louviers, y fit sensation et put envoyer des boulets à de très-longues portées. (*Progrès de l'Eure* du 10 novembre.)

Cependant, on reconnut bien vite que la pesanteur de ces pièces, indispensable à leur solidité, les rendait d'un transport difficile. La souscription était loin d'être épuisée, tant ce matériel, grâce aux industries de la ville, s'obtenait à bon compte. On décida de se mettre en rapport avec M. Pouyer-Quertier, qui s'occupait de l'organisation de l'artillerie de Rouen. C'est par son intermédiaire qu'on acheta 4 obusiers de campagne en acier, rayés, de 3 courts, provenant de la maison Whitworth, de Londres. Ils coûtèrent 7,000 francs.

En même temps que l'on faisait la commande de ces canons, M. Huvey fut délégué par ses collègues auprès du Gouvernement de Tours, pour tâcher d'obtenir une batterie d'obusiers de montagne. Il y réussit, et l'arsenal de Cherbourg lui délivra 6 pierriers en bronze qu'il ramena à Louviers, avec leurs accessoires, ainsi que des boulets, obus, boîtes à mitrailles, poudre de guerre, etc. Comme ces pierriers n'avaient ni affûts, ni caissons, on les en pourvut à la hâte, et, au bout de dix jours, ils pouvaient tenir la campagne. On verra bientôt que trois d'entre eux furent envoyés au colonel Thomas qui les garda.

L'artillerie de Louviers se trouvait donc complétement organisée. Elle comptait 23 bouches à feu, avec des munitions, fabriquées également à Louviers. Elle avait coûté 16,374 francs. Mais ce n'était pas tout que d'avoir des canons, il fallait des artilleurs.

Le sous-préfet fit un appel aux hommes de bonne volonté, et en particulier aux anciens militaires qui avaient servi dans l'artillerie. Mais il était trop tard. L'ennemi était à notre porte. On ne put réunir que quelques citoyens dévoués qui se chargèrent de veiller sur les canons et de les empêcher de tomber entre ses mains.

Telle fut l'issue d'efforts vraiment remarquables qui avaient abouti, dans l'espace d'un mois, à doter le pays de moyens de défense relativement supérieurs.

Lors même que les essais tentés sur presque tous les points de la France pour se procurer une artillerie dont le défaut se faisait si cruellement sentir, auraient été infructueux, il ne faudrait point blâmer ceux qui mirent la main à cette œuvre patriotique.

La défense contre un ennemi si bien pourvu paraissait devoir être inefficace, si l'on n'avait des canons à lui opposer. Toutes les troupes échelonnées depuis Gaillon et Vernon jusqu'à Pacy essuyaient à chaque instant, pour ainsi dire, les bordées de l'artillerie prussienne. Quoique peu considérable, elle avait pour effet presque constant de terrifier les populations des villes et des gros bourgs, et de faire replier, avec plus ou moins d'ordre, mobiles, mobilisés ou francs-tireurs. Aussi ces braves gens, dépités et navrés, demandaient-ils sur tous les tons qu'on leur envoyât des canons, quels qu'ils fussent, ne dussent-ils servir que d'épouvantail. Il faut voir la série des dépêches échangées à cet égard entre le maire de Gaillon et la sous-préfecture. M. Leblanc éprouvait lui-même toutes les impatiences des militaires et se faisait leur chaleureux interprète. Ce fut surtout après la tentative du 19 novembre sur Évreux, et l'échauffourée de Vernon du 22, que les canons furent jugés indispensables pour conserver un terrain qui semblait fuir sous les pieds. Voici quelques-unes de ces dépêches :

« Gaillon, 26 novembre, 3 h. 50 m.

« *Maire de Gaillon à sous-préfet de Louviers.*

« J'arrive à Gaillon, et j'apprends d'une personne qui vient de Vernon qu'on se bat à Blaru depuis ce matin. Une compagnie de mobiles a été surprise et a perdu beaucoup d'hommes. Le canon gronde encore. Si vous avez des canons disponibles, envoyez-en par train spécial, car le temps presse; il faut absolument empêcher les

Prussiens d'avancer sur Vernon, et sans canon cela est impossible. Si vous accueillez la demande que je vous fais, vous sauverez une seconde fois cette pauvre ville de Vernon qui est la clef de Louviers et de Rouen. »

Le sous-préfet s'empressa de demander des canons au général Briant, à Rouen. Celui-ci répondit :

« Rouen, 26 novembre, 10 h., soir.

« Je télégraphie au commandant Leseigneur, à Elbeuf, d'envoyer de suite à Vernon, par train spécial, canons et artilleurs qui se trouvent à Elbeuf.

« Briant. »

« Gaillon, 26 novembre, 6 h., soir.

« Je me hâte de vous annoncer que l'ennemi a été repoussé à Blaru. Une compagnie de mobiles a été bien maltraitée et un officier a été tué. Ce soir, Vernon est tranquille. Insistez, je vous prie, pour l'envoi de canons. J'ai annoncé leur prochaine arrivée au maire de Vernon. »

« Gaillon, 26 novembre, 8 h., soir.

« Le colonel Thomas vient de demander qu'on lui envoie le *petit canon Ledormeur*. Pas possible, il peut être utile ici. Comme il faut absolument des canons à Vernon pour répondre aux Prussiens, qui certainement reviendront à la charge demain, je vous prie instamment d'ordonner à Elbeuf qu'on se hâte d'expédier, pendant la nuit, les canons que vous avez demandés, afin qu'ils puissent servir demain matin. On compte sur vous. »

Il faut savoir ce que c'était que le *petit canon Ledormeur* convoité par le colonel Thomas, et dont la commune ne voulait pas se dénantir. Eh bien, c'était un canon qui servait, dans les fêtes publiques, à tirer des salves, un véritable joujou fait pour amuser des collégiens. Mais on ne visait qu'à une chose, à inquiéter les Prussiens par la révélation subite d'un engin de guerre à l'existence duquel ils ne croyaient plus du côté des Français!.... Mais continuons.

« Gaillon, 27 novembre, 10 h., matin.

« Les canons ne sont pas encore arrivés ; tout était préparé pour les conduire jusqu'à Vernon.

« J'avais prévenu le maire et le lieutenant-colonel Thomas que vous deviez leur en envoyer. Sont-ils partis par le chemin de fer? Pas de nouvelles ce matin. »

« Vernon, 27 novembre, 6 h., soir.

« *Lieutenant-colonel de l'Ardèche à sous-préfet de Louviers.*

« Que sont devenus trois canons en bronze, annoncés hier comme venant de Louviers, à destination de Vernon? Réponse immédiate.

« THOMAS. »

« Gaillon, 27 novembre, 6 h. 45 m., soir.

« Le lieutenant-colonel Thomas, de Vernon, me télégraphie qu'il n'a reçu ce matin que deux petits canons en acier envoyés d'Elbeuf et insuffisants. Il m'annonce qu'il doit être attaqué en force demain par les Prussiens, et qu'il a absolument besoin des trois pièces en bronze qui étaient attendues ce matin. Donnez, je vous en prie, les ordres les plus formels pour que ces trois pièces arrivent cette nuit à Vernon, par train spécial, et soient transportées à la caserne. Le défaut de ces pièces pourrait être la cause d'un échec que les mobiles s'efforcent d'éviter. S'ils

4.

ont une artillerie convenable et suffisante qui leur donne de la confiance, leur courage et leur ardeur redoubleront. Le lieutenant-colonel compte sur vous, et je vous serai vivement reconnaissant de l'aide que vous lui accorderez dans cette circonstance. »

Ces canons de bronze appartenaient à la batterie d'artillerie en formation à Louviers. Le sous-préfet ne crut pas devoir les refuser aux braves mobiles de l'Ardèche qui promettaient si bien de s'en servir. De son côté, le général Briant, qui se montrait tout plein de bon vouloir, télégraphiait :

« Rouen, 27 novembre, 9 h. 25 m., soir.

« Envoyez toujours à Vernon le secours dont vous disposez, soit canons, soit caronades. Envoyez également les gardes mobilisés qui peuvent être à Louviers. J'ai donné aussi ordre de diriger sur Vernon les chaloupes canonnières qui se trouvent à Rouen.

« BRIANT. »

Mais ces malheureux canons, quoique expédiés en grande diligence, n'arrivaient pas assez vite au gré des impatients défenseurs de Vernon. Ils demandaient leurs canons absolument comme les pompiers demandent de l'eau, au fort de l'incendie, quand elle manque et que les flammes gagnent toujours !

« Gaillon, 27 novembre, 11 h. 30 m., soir.

« Le maire de Vernon, dans une dépêche que je reçois sur l'heure, demande avec instance des canons. Les deux, envoyés d'Elbeuf, insuffisants.

« Expédiez, je vous prie, les canons en bronze promis hier et dont je vous ai parlé dans ma dépêche de ce soir.

Faites en sorte qu'ils arrivent cette nuit à Vernon. Les Prussiens doivent revenir demain, et il est indispensable de mettre nos troupes en état de les repousser. Le maire de Vernon et le lieutenant-colonel Thomas comptent sur l'envoi que je sollicite. Il n'y a pas eu de combat aujourd'hui, trois éclaireurs prussiens ont été tués. »

Le même jour, Évreux, qui n'était pas encore bien revenu de sa panique du 19, se croyait menacé de nouveau, et le préfet télégraphiait la dépêche suivante :

« Évreux, 27 novembre, 8 h. 27 m., soir.

« Evreux est de nouveau menacé. Une colonne nous est annoncée, forte de six à sept mille hommes venant de Breuilpont et se dirigeant sur Vernon et Evreux. Nous avons prévenu à Rouen. Je vous rappelle votre promesse; nous manquons surtout de canons! »

« Gaillon, 27 novembre, 10 h., soir.

« Le messager de Vernon arrive et nous informe que la ville est calme. Les Prussiens sont toujours dans les environs de Blaru; ils n'ont pas bougé aujourd'hui; mais on s'attend demain à une nouvelle attaque, et les mobiles sont disposés à les bien recevoir, maintenant qu'ils ont du canon. Car je crois que les trois canons dont vous leur avez annoncé l'envoi sont arrivés. On avait exagéré hier quant aux pertes des mobiles; voici la vérité : un capitaine et un mobile tués, un blessé, seize ou dix-sept disparus. J'ai envoyé ce matin un exprès aux Andelys pour avoir des nouvelles. Tout y est tranquille. Les troupes qui s'y trouvaient ont reçu l'ordre de partir; leur destination est inconnue. Plusieurs individus suspects ont encore été arrêtés dans les environs. Je les enverrai demain à Louviers. »

Les canons n'étaient pas encore arrivés. Le maire de Gaillon était mal renseigné. Deux dépêches du colonel Thomas au maire de Louviers et au sous-préfet en font preuve :

« Vernon, 28 novembre, 6 h., matin.

« *A sous-préfet de Louviers.*

« Le train annoncé hier avec un bataillon et trois pièces d'artillerie n'est pas encore signalé à Vernon. Très-urgent. Répondez de suite.

« Thomas. »

« Vernon, 28 novembre, 6 h. 1|2. matin.

« *A maire de Louviers.*

« Le train annoncé n'est pas encore signalé. Besoin des plus pressants. Activez.

« Thomas. »

Enfin, ces canons tant désirés parvinrent à Vernon dans la journée même.

« Gaillon, 28 novembre, 11 h., soir.

« .... On est reconnaissant à Vernon de la troupe et des canons envoyés. L'engagement auquel on s'attendait n'a pas eu lieu. Quelques coups de feu seulement ont été échangés. On ne sait trop de quel côté s'est dirigé le corps ennemi qu'on avait annoncé.... »

Maintenant les mobiles ont de l'*artillerie*. Qu'en vont-ils faire? La dépêche suivante nous apprend qu'ils se proposaient de l'utiliser de la bonne manière. Malheureusement, la campagne de ce côté allait être brusquement interrompue par un ordre général de retraite nécessité par les graves événements des premiers jours de décembre.

« Gaillon, 28 novembre, 11 h., soir.

« Le sieur Aubin fils, que nous avions envoyé en éclaireur ce matin du côté de Houlbec et jusqu'aux environs du bois de Bizy, est de retour et a appris que les Prussiens ont paru à Cocherel et se sont dirigés vers Vaux, où ils doivent faire des réquisitions. Il n'y a rien de nouveau à Houlbec-Cocherel. Les forces ennemies sont dirigées sur les bois de Bizy. L'*artillerie des mobiles* est braquée dans la plaine de Brécourt. On pense que les Prussiens se porteront en nombre de ce côté..... »

La moralité de toutes ces dépêches, où l'on sent bouillonner la fièvre du patriotisme, et où se révèle la volonté bien arrêtée d'opposer une résistance énergique à l'envahisseur, c'est que dans le canon était le salut des troupes qui couvraient, du côté de Vernon, la frontière de l'Eure et de toute la Normandie. On sentait qu'en leur envoyant des canons qu'elles sollicitaient avec de si vives instances, on faisait une véritable *bonne action*. Le cœur était satisfait.

ADMINISTRATION ET FINANCES

ÉTAT MORAL DES POPULATIONS

La guerre est un terrible épouvantail pour les peuples qui n'en ont pas fait l'apprentissage. Or, aucun peuple ne pouvait être moins préparé à subir l'invasion que nous ne l'étions en 1870. Aussi l'effet en fut-il prodigieux sur les cerveaux. Dès nos premières défaites, on n'eut plus qu'un souci : les nouvelles de la guerre. La foule stationnait des jours entiers devant les mairies, attendant les dépêches qui ne venaient pas, ou qui constataient de nouveaux désastres. Le moindre mot mal écrit, ou contenant une équivoque, excitait des réclamations bruyantes. La signature manquait-elle, par impossible, tout de suite la nouvelle était controuvée!

Quand il ne fut plus douteux que l'invasion s'étendrait jusqu'à nos contrées, l'effervescence redoubla, et certaines gens, d'ordinaire très-sensés, se firent remarquer par une exaltation singulière. Les braves couraient les chemins de fer, en quête de Prussiens, méditaient de traverser leurs lignes, et ne revenaient que sous la contrainte des autorités françaises qui suspectaient aisément les chercheurs d'aventures. Les timides, en présence des levées d'hommes qui paraissaient devoir atteindre toute la population mâle, étaient pris de paniques irrésistibles, et criaient tout haut leurs infirmités vraies ou prétendues. On avait beau leur dire qu'il n'était pas question de les prendre, ils n'entendaient rien, et, comme sous l'empire d'un cauchemar, ils continuaient à vociférer et à gesticuler dans le vide.

Enfin cette affection particulière dont les Parisiens furent atteints à un si haut degré, et qu'on pourrait appeler la maladie de l'*espion*, régna aussi parmi nous. On fit d'assez nombreuses arrestations, dont pas une n'eut de fondement sérieux. A entendre les bruits publics, nous étions inondés de Prussiens travestis de toutes les façons. Malheur à celui qui portait une barbe blonde et qui courait par les chemins, sans un laisser-passer de fraîche date. Il avait de grandes chances de faire son entrée dans la ville la plus prochaine, escorté de baïonnettes. A Bernay, où la surexcitation des esprits atteignit un paroxysme effrayant, on arrêta jusqu'à trois fois, dans la même journée, le directeur de la station télégraphique de Louviers, qui s'y était réfugié. Il se vit obligé de garder la chambre !

On voyait des signes cabalistiques sur les arbres, indiquant à l'ennemi les routes qu'il pourrait suivre sans danger; des croix rouges sur les maisons qui étaient à l'avance vouées à l'incendie.

Les journaux recueillaient ces rumeurs, les grossissaient encore, de sorte que les gens senses eux-mêmes avaient peine à se défendre d'y donner quelque créance.

LES COMMISSIONS ADMINISTRATIVES

Un décret du gouvernement de la Défense nationale, du 16 septembre, convoquait les électeurs au 25 du même mois, pour le renouvellement des conseils municipaux. La nomination des maires et adjoints par les conseils élus devait avoir lieu le 29. Enfin, les élections pour l'Assemblée constituante étaient fixées au 2 octobre. Les progrès des Prussiens et l'investissement de Paris, consommé quelques jours après la date de ce décret, ne permirent pas d'y donner suite. Un autre décret de la délégation de Tours, du 24 septembre, ajourna les élections et admit le principe du remplacement des administrations actuelles par des commissions municipales de trois ou cinq membres nommés par le préfet. Ce fut une déplorable inspiration. Les conseils municipaux, récemment élus (6 août), renfermaient des éléments que la Défense nationale même n'avait aucune raison de suspecter ni de répudier.

Jamais mesure ne fut plus mal accueillie. Les démissions pleuvaient de toutes parts. Les gens de cœur se retiraient, parce qu'ils se trouvaient froissés par le procédé même; les timides en profitaient pour se mettre bien vite à l'écart.

Un certain nombre de communes obtinrent le maintien intégral de leurs administrations municipales : Louviers, Pont-de-l'Arche, Daubeuf, le Tremblay, Grostheil, les Damps, etc. Quelques choix furent si malheureux, qu'on se trouva contraint de remplacer, pour ainsi dire le lendemain, les hommes qu'on avait nommés la veille. Les haines locales, au lieu de s'apaiser devant le danger, s'aggravaient de toutes ces maladresses. On avait voulu vivifier, on ne réussit qu'à dissoudre. Aussi les commissions se démolissaient-elles à mesure qu'elles s'édifiaient. On était encore occupé à les remanier, quand les Prussiens parurent et fixèrent toutes les indécisions.

A ce moment, l'union et la collaboration de tout le monde, pour ainsi dire, devinrent tellement indispensables, que les commissions municipales prirent sur elles, dans un très-grand nombre de cas, de s'adjoindre, en fait, leurs anciens collègues et même les personnes notables du pays. Ce fut aussi une époque de rudes épreuves pour quelques intrigants qui n'avaient eu d'autre but, en supplantant l'ancienne administration, qu'une vaine satisfaction d'amour-propre. Ils durent se jurer à eux-mêmes plus d'une fois qu'on ne les y reprendrait plus. Quelques-uns avaient tellement soif de la délivrance, qu'une fois la tourmente passée, ils ne se trouvaient pas encore en sûreté, et démissionnaient coup sur coup, à la veille des élections, au mois d'avril 1871.

FERMETURE DES CAISSES PUBLIQUES. — RARETÉ DU NUMÉRAIRE. — CAISSE DES BONS DIVISIONNAIRES. — COMPTOIR D'ALIMENTATION

Au moment où la cessation des travaux mettait à la charge des communes une masse considérable d'indigents auxquels il fallait assurer la subsistance de chaque jour, le service des finances fut tout à coup suspendu dans toute l'étendue de l'arrondissement. C'est le 18 septembre, à minuit, que le receveur particulier reçut l'ordre de se retirer à Laval. L'ennemi ne faisait qu'arriver aux portes de Paris. Il faut avouer que nos caisses n'étaient pas sérieusement menacées, et que l'argent montra une fois de plus, dans cette occasion, combien il est facile à effaroucher.

La municipalité de Louviers réclama, mais en vain, contre une pareille mesure qui menaçait de paralyser tous ses efforts. Elle dut en prendre son parti et recourir à la création d'un papier-monnaie. En vertu d'une délibération du 11 octobre, elle émit bientôt pour 100,000 francs de bons divisionnaires. Cet exemple fut suivi par un certain nombre de communes rurales, et l'on ne vit plus guère dans la circulation que ces petits carrés de papier crasseux qui témoignaient, à leur manière, de nos calamités. Évidemment, le service des finances s'était trop hâté. On le reconnut, mais un peu tard, et la tentative que l'on fit pour le rétablir, dans le courant de novembre, ne put être suivie d'effet. L'ennemi, à ce moment, était bien à nos portes. On fut très-heureux, dans la suite du temps, de la création de ce papier-monnaie qui, après quelque hésitation, fut généralement accepté par les fournisseurs, et trouva même crédit dans les villes voisines.

D'après le compte rendu de l'administration municipale de Louviers, l'émission des bons divisionnaires de 1, 5 et 10 fr. s'est élevée à 125,046 fr. Le mouvement en débit et en crédit a été de 912,680 fr.

Des combinaisons beaucoup moins heureuses avaient été adoptées par certaines maisons de commerce, principalement à Elbeuf. Elles jetaient dans la circulation des bons payables *six mois après la paix*. Cette élasticité dans le terme était peu rassurante, et il fallait toute la misère du temps pour accepter de semblable papier.

Une autre institution, due à la ville de Louviers, qui rendit des services à la population pauvre et finalement produisit un boni (chose rare à cette époque), fut le *Comptoir d'alimentation* créé le 25 octobre, sur la proposition du maire, M. Prétavoine. Il avait pour but : 1° d'assurer pour six mois à toute la population de Louviers du pain de première qualité, au prix maximum de 1 fr. 60 les 4 kilogrammes, c'est-à-dire 20 centimes la livre ; 2° de fournir à la classe nécessiteuse du pain de ménage à 20 centimes par 4 kilogrammes au-dessous de la taxe.

Le capital primitif était fixé à 75,000 fr., divisé en 75 parts ou actions de 1,000 chacune. L'article 8 du règlement portait une clause très-morale : le Comptoir étant créé dans un but purement philanthropique, *sans aucune idée de bénéfice, les adhérents n'auront droit qu'à l'intérêt de leur mise de fonds*, à raison de 6 p. 100, à partir du jour du versement. C'était un exemple de désintéressement donné par le commerce qu'il est bon de citer, parce que l'histoire de cette guerre n'en est pas pleine, à beaucoup près. Les boulangers eux-mêmes, qui n'ont jamais peur de la disette, virent d'assez mauvais œil le Comptoir opérer à côté d'eux, et ils se gardèrent bien d'accepter ses offres de farine à 68 et à 72 fr. le sac ; ils aimaient mieux payer à des meuniers du dehors les mêmes qualités à 72 et à 75 fr. !... De sorte que le Comptoir, qui ne trouvait pas l'écoulement de ses farines, s'était décidé à se faire boulanger lui-même, dans l'intérêt de la population et principalement des nécessiteux. Il avait déjà livré 118,440 kilogrammes de pain à la consommation, lorsque les événements lui permirent de vendre et de liquider sa situation.

Les opérations, grâce aux efforts de M. Jules Andresset, directeur, assisté de MM. Charles Dannet, Fresné et Marquet, administrateurs, furent très-heureusement conduites. Les achats s'élevèrent à 170,500 fr. pour 576,500 kilogrammes de blé et farine.

Avec les frais divers d'emmagasinage, assurances, façons de mouture, boulangerie, etc., la dépense totale atteignit le chiffre de 189,800 fr. La liquidation, après la vente, en mars 1872, produisit un bénéfice de 2,500 fr. qui fut versé à la caisse municipale. En outre, on peut évaluer à 25,000 fr. au moins les bénéfices faits par toute la population de Louviers, qui dut à la concurrence du Comptoir de payer le pain au moins 2 centimes par kilogramme meilleur marché que dans les localités voisines.

OUVRIERS ET MENDIANTS. — DÉVASTATION DES FORÊTS

Un des premiers et des plus désastreux effets de nos revers fut de paralyser le travail et de jeter sur le pavé une nombreuse population ouvrière. Les chômages commencèrent dès le mois de septembre, et en janvier le nombre des indigents et des ouvriers sans travail, à la charge des communes de l'arrondissement, ne s'élevait pas à moins de 6,000. A ce moment, la ville de Louviers, à elle seule, soutenait 2,000 ouvriers ou indigents. Des ateliers de charité, organisés sur plusieurs points à la fois, occupaient 1,500 personnes. La dépense totale en salaires et secours s'éleva à 428,000 fr. Beaucoup de communes durent suivre cet exemple.

La ville de Pont-de-l'Arche, occupée et rançonnée constamment par l'ennemi, avait encore à pourvoir aux besoins de 200 ouvriers ou indigents. Cette population, très-pauvre en temps ordinaire, était devenue misérable.

On ne tarda pas à voir errer, sur les grandes routes et dans les villes, des bandes de mendiants dont les allures n'étaient pas toujours rassurantes. Dans les campagnes surtout, leur hardiesse devint extrême. Ils procédaient souvent à la manière des Prussiens, c'est-à-dire en se servant eux-mêmes. Comme le dénûment, pour la plupart, était survenu tout d'un coup, des femmes, des jeunes filles, mêlées à ces bandes, avaient conservé les vêtements et les habitudes d'un temps meilleur. Elles avaient du linge blanc, les cheveux soignés, des boucles d'oreilles, etc. Contraste étrange et douloureux !

Les rigueurs de la saison vinrent bientôt s'ajouter à tous les autres maux. Les forêts furent mises en coupe, d'abord par les pauvres gens qui n'avaient pas de quoi se chauffer, ensuite un peu par tout le monde.

Dès le 29 août, les gardes forestiers avaient été appelés à Paris, pour le service des forts ; la gendarmerie, à son tour, avait été mobilisée ; la loi n'avait plus de sanction.

On put voir alors jusqu'où va la rapacité humaine, quand elle ne se sent pas refrénée.

L'exploitation des forêts fut entreprise sur une large échelle, non plus seulement par les nécessiteux, mais encore et surtout par ceux qui ne manquaient de rien. Des cultivateurs, des marchands aisés attelèrent leurs voitures, se munirent de scies et de haches, et procédèrent méthodiquement à l'enlèvement des gros bois. Des abatis considérables se firent, dans cet esprit, sur un bon nombre de points, et ne se seraient sans doute pas arrêtés si la paix et les gendarmes n'étaient venus y mettre un terme.

Les quelques gardes qui restaient durent se borner à constater les dévastations qu'ils ne pouvaient arrêter devant les menaces des délinquants rassemblés par centaines. Dans le courant de décembre, quinze jours suffirent aux habitants des communes d'Elbeuf, de Caudebec et de Saint-Pierre-lès-Elbeuf, pour couper 25 hectares de futaie de l'âge de 70 à 80 ans, dans le canton de la forêt de Bord dit la *Sente-aux-Moines*.

On put voir, dans une seule après-midi, plus de 300 individus, hommes et femmes, sciant les arbres à 30 centimètres du sol, les ébranchant, les traînant sur la route, puis les chargeant sur des voitures pour les transporter et les vendre à Elbeuf.

La police de cette ville a évalué, pendant quelques jours, à plus de **1,000** le nombre des personnes qui allaient quotidiennement en forêt, la serpe, la hache ou la scie à la main.

Des constatations faites par l'administration forestière, il résulte que la forêt de Bord (d'une contenance de 3,495 hectares) a été dévastée sur une étendue de 263 hectares, et la forêt de Louviers (1,153 hectares) sur une étendue de 115 hectares, sans tenir compte des arbres isolés, coupés ou ébranchés, çà et là, dans tous les cantonnements. La perte matérielle, pour les deux forêts réunies, est évaluée à **160,000** francs environ.

Quant aux dommages-intérêts, résultant du préjudice réel causé au domaine lui-même, ils seraient incalculables.

Lors de la conclusion de la paix, l'administration forestière fit exercer des poursuites contre les délinquants qui avaient obéi aux suggestions, non de la misère, mais de la rapacité. 451 procès-verbaux furent dressés. Jusqu'à ce jour, 266 ont été suivis de condamnations pécuniaires s'élevant à 80,623 fr. 06 c. et à 1,029 journées de prison.

Dure leçon pour beaucoup de gens qui n'avaient pas prévu ce quart d'heure de Rabelais, et dont la probité, intacte jusqu'alors, subit là une rude atteinte!

LA CHARITÉ PUBLIQUE ET PRIVÉE
LES DAMES DE LOUVIERS

Si cette guerre avait pu être autre chose qu'une suite non interrompue de désastres épouvantables, si la France avait eu seulement le temps de se reconnaître, entre deux défaites, on aurait vu s'accomplir des merveilles de charité. Je ne parle pas de ces actes isolés qui ont honoré l'humanité à toutes les époques, mais de cette charité intelligente et organisée qui aurait fait de toute la zone placée en dehors du théâtre de la guerre comme une immense salle d'ambulance.

L'idée d'appeler les communes, les établissements publics et les particuliers à prendre soin des blessés qui pourraient être dirigés sur les différents points du territoire, était une heureuse inspiration. Aussi, fut-elle accueillie avec une sorte d'enthousiasme. Toutes les maisons allaient se transformer en ambulances. Dans l'espace de quelques jours, vers le milieu d'août, l'arrondissement mit à la disposition de l'administration près d'un millier de lits à demeure, avec la nourriture et les soins par-dessus le marché. L'émotion gagnait les cœurs au point que beaucoup, en offrant leur maison, avaient les larmes aux yeux.

Un peu plus tard, presque toutes les communes avaient pris des dispositions pour convertir leurs salles de classes en ambulances. Nos malheurs rendirent tous ces dévouements inutiles. Deux établissements publics seulement reçurent, en assez grand nombre, des militaires, malades ou blessés : la maison centrale de Gaillon et l'hospice de Louviers. Une ambulance établie dans les ateliers de Mme Mercier rendit aussi quelques services aux troupes qui se trouvaient de passage.

En même temps que l'on ouvrait sa maison aux pauvres blessés, on envoyait de tous les points à la fois de l'argent et du linge au comité que l'administration municipale de Louviers avait organisé. Il n'était pas besoin de courir frapper aux portes. Un grand nombre de personnes venaient spontanément apporter leurs offrandes, et l'on a vu de pauvres gens, qui avaient à peine le linge nécessaire à leurs besoins, faire de bon cœur le don d'une chemise pour nos blessés. Des établissements industriels s'imposèrent un travail supplémentaire d'un ou deux dimanches, et en versèrent le produit dans la caisse du comité.

Le total des souscriptions atteignit le chiffre de 27,384 fr. 45 c.

13,000 francs furent envoyés au comité de Paris; 14,257 francs furent distribués aux familles des

militaires, à partir du milieu d'août jusqu'au mois de juin suivant.

Les dames de Louviers avaient puissamment aidé le comité de secours aux blessés dans l'accomplissement de son œuvre patriotique. Elles eurent bientôt une autre tâche, non moins méritoire, celle de pourvoir aux besoins de nos malheureux soldats, qu'un hiver rigoureux surprenait dans le plus complet dénûment. Sous la direction de Mme Prétavoine, elles parvinrent à réunir une somme de 4,272 francs, avec laquelle on acheta tricots, ceintures et chemises de laine, chaussettes, capotes, couvertures, etc., qui furent distribués aux mobiles et aux mobilisés appartenant à l'arrondissement.

Pour apprécier l'importance de ces dons, il faut se rappeler que l'argent avait pour ainsi dire disparu de la circulation, et que celui qui restait était atteint de toutes les manières à la fois : impôt des mobilisés, souscriptions pour canons et mitrailleuses, prêts pour ateliers de charité, aumônes quotidiennes.

DEUXIÈME PARTIE

L'OCCUPATION

OCCUPATION DE LOUVIERS

Les dépêches du Gouvernement de Tours et les assurances des journaux, qui renchérissaient encore, contribuaient à nous donner quelque sécurité sur l'avenir de la guerre dans nos contrées; néanmoins des pronostics fâcheux se faisaient jour de temps à autre. Depuis la reddition de Metz, on se demandait, non sans inquiétude, quelle direction allaient prendre les 200,000 hommes qui, par ce fait, se trouvaient disponibles. Des bruits ne tardèrent pas à circuler sur la marche de 80,000 hommes dans la direction d'Amiens.

Le *Nouvelliste de Rouen* du 20 novembre publiait, d'après les journaux anglais, un programme prussien qui consistait à s'emparer d'Amiens et de

Rouen, pour avoir à la fois de l'argent et des vivres.

Le 21, un document local, qui passa inaperçu, confirmait la chose de la manière la plus formelle. Le maire de Gaillon, qui s'éclairait et éclairait les autres beaucoup mieux que la plupart de nos généraux, télégraphiait :

« Gaillon, 21 novembre, 9 h., soir.

« ..... J'apprends à l'instant, de source certaine, que le roi Guillaume a ordonné de prendre Rouen, et que, d'après l'itinéraire tracé, les troupes doivent passer par Vernon, Gaillon, etc.

« Un officier prussien, logé à Mantes, a donné ces renseignements à un chirurgien qui a passé quelques heures avec lui. »

Il n'y avait erreur, comme les faits l'ont démontré, que sur le point de départ de l'attaque.

Mais les combats autour de Vernon, l'affaire d'Étrépagny, puis la sortie de Paris, dont la nouvelle nous parvint sur ces entrefaites, nous aveuglaient sur notre sort prochain. Le combat de Villers-Bretonneux (27 novembre), la prise d'Amiens (28), passèrent presque inaperçus. Nous étions tellement occupés de notre mouvement en avant, qu'il fallut Buchy et la débandade qui suivit pour nous ouvrir les yeux. Les forces massées dans la vallée d'Andelle, sur lesquelles nous avions fait fond jusqu'alors, s'évanouirent tout à coup. De tous les points précédemment occupés, Vernon, Gaillon, Andé, accouraient mobiles, mobilisés et francs-tireurs, dans un pêle-mêle et un décousu inimaginables.

Dès le 31 novembre, les mobilisés de Louviers étaient partis pour le Bec-Hellouin. Le journal de la localité raconte ainsi leur départ :

« Les mobilisés de l'arrondissement de Louviers ont quitté la ville mercredi matin (31 novembre), sous les ordres du commandant Bourard, pour se rendre au Bec-Hellouin, où ils doivent être casernés. Le bataillon de la garde nationale et la compagnie de sapeurs-pompiers les ont accompagnés jusqu'à la gare, où les adieux les plus sympathiques leur ont été adressés. »

(*Publicateur* du 3 décembre.)

Tout cela est pour le mieux ; mais il faut ajouter que ces braves gens qui étaient accourus de tous les points de l'arrondissement, au premier appel, n'avaient pour tout armement que des fusils, en nombre insuffisant, enlevés aux gardes nationaux. Quant à l'uniforme, il faisait presque absolument défaut. Chacun s'était muni d'un petit paquet et d'un sac de toile garni selon ses moyens.

Au Bec-Hellouin, ils occupèrent les bâtiments de l'ancienne abbaye, y compris les écuries et toutes les dépendances. Mais ce point était beaucoup trop rapproché du cercle d'opérations de l'ennemi. Aussi le séjour du bataillon n'y fut-il pas de longue durée. L'ordre de se rendre à Bernay survint inopinément (7 décembre). Nos mobilisés ne firent guère que passer dans cette ville, et, comme ils n'y étaient pas attendus, ils durent se disséminer de tous les côtés pour vivre.

Le 9 décembre, ils partirent pour le camp d'Yon, dans la presqu'île de la Manche. Là, les hommes, entassés par centaines dans d'immenses baraques, n'avaient pas même de paille pour se coucher. Par surcroît de maux, l'intendance oubliait toujours de se réveler, et les mauvais temps détrempèrent le sol à tel point qu'on courait risque de se noyer dans les boues. Enfin, le 18 décembre, le bataillon quitta cet affreux séjour pour s'installer à Briquebec, où il se trouva relativement heureux.

Il y était encore quelques jours avant l'armistice.

Les mobilisés de Louviers avaient commencé la série des retraites qui signalèrent les derniers jours de novembre et les premiers du mois de décembre.

Les mobiles de l'Ardèche, des Landes, de la Loire-Inférieure, deux compagnies de l'Eure, les francs-tireurs du Havre et de Caen, quelques compagnies des mobilisés d'Elbeuf, le bataillon des mobilisés de Pont-Audemer, eurent leur tour.

C'est le 6 décembre, à sept heures du matin, que deux bataillons des mobiles de l'Ardèche traversèrent Louviers. Toute la nuit on avait battu la générale et sonné le tocsin dans les villages des bords de la Seine, et le pont d'Andé avait sauté, ajoutant encore, par l'horrible détonation de la mine, aux terreurs qui planaient sur toute la contrée. Sacrifice bien inutile! L'ordre de faire jouer la mine émanait de l'autorité militaire, qui voulait, par ce moyen extrême, protéger la retraite du colonel Thomas, au cas où elle serait inquiétée de ce côté. Or, l'ennemi ne parut pas ; mais la panique s'en mêla, comme toujours, et le pont, qui ne comptait que huit années d'existence, s'abîma dans la Seine, vers une heure du matin.

A ce moment, les mobiles de l'Ardèche couraient sur la route de Vernon à Louviers. Ces braves jeunes gens, qui avaient pendant près de deux mois protégé si efficacement les frontières de l'Eure, étaient misérablement équipés, sans capotes, et presque sans chaussures, au début d'un hiver si rigoureux. Ils étaient amaigris, hâves, marchaient à la débandade, comme affaissés sous le poids des vivres dont on les avait surchargés. Ils en avaient pour trois jours! précaution bien étrange, en vérité, puisqu'ils se dirigeaient vers des contrées plantureuses qui n'avaient pas été visitées par l'ennemi. Ainsi faisait-on partout.

Quoique accablés par la marche et par le faix qu'on leur imposait, quelques groupes chantaient des airs patriotiques. Quelques méchants fourgons, des voitures d'écloppés, et une demi-douzaine de gendarmes à cheval, fermaient la marche. A l'aspect de ces débris, on se sentait pris d'une profonde tristesse.

Ces pauvres jeunes gens devaient encore voir les Prussiens de près, dans plus d'une affaire; mais leur équipement ne devait pas beaucoup s'améliorer. Dans le milieu de janvier, on ouvrit à Lisieux une souscription pour leur acheter des vêtements et des chaussures dont ils *manquaient littéralement* (V. *Moniteur du Calvados* du 19 janvier)! Et ils n'étaient pas les seuls. On a vu, au cœur de l'hiver, des mobiles en simple blouse de toile grise et en sabots. Ils s'enroulaient dans une méchante couverture pour monter la garde la nuit, et quelquefois, à demi morts de froid, allaient se coucher sans souci de la discipline et des Prussiens.

L'après-midi de ce même jour, les mobilisés de Pont-Audemer se mirent aussi en route pour Bernay. Ils étaient arrivés à Louviers le 28 novembre, sous le commandement de M. Laferrière, et devaient y tenir garnison jusqu'à ce que leur équipement fût complet. Malheureusement, il y avait beaucoup à faire ; car, à part les fusils, ils manquaient de tout. D'après l'ordre formel du préfet, ils furent casernés :

« Il faut absolument que ce casernement ait lieu, portait la dépêche, il le faut à tout prix. Le logement chez l'habitant ne saurait avoir qu'un caractère excessivement provisoire. »

Dès lors qu'il fallait absolument que ces gens fussent mal couchés et mal abrités, on se crut obligé d'exécuter le programme à la lettre, et l'on disposa, pour les recevoir, la gare aux marchandises de la compagnie de l'Ouest. Avec quelques planches et des bâches fournies par la maison Yvose, de Rouen, on supprima les plus forts courants d'air. Des bottes de paille firent le reste.

Au surplus, leur séjour à Louviers fut de peu de durée ; ils le quittèrent le 6 décembre, après avoir poussé la veille une reconnaissance assez aventureuse sur la rive droite de la Seine, à 4 kilomètres au-dessus d'Andé. Leur départ présenta la même physionomie que celui des mobilisés de Louviers.

Pendant leur séjour, ils avaient reçu quelques vareuses et des képis ; leurs groupes, émaillés çà et là d'uniformes, défilaient, tambours en tête, avec un ensemble et une attitude aussi peu militaires que possible. Le petit paquet traditionnel au bras ou au bout du fusil, en guise de sac, complétait ce tableau misérable. Il faut néanmoins rendre justice à l'activité de leurs chefs, qui les maintenaient dans la meilleure discipline, et passaient à les exercer les trois quarts du jour.

A cette époque, la fièvre de la défense était à son comble ; l'ennemi, à deux pas, nous maintenait en éveil. On manœuvrait avec rage. Jamais la mobile n'avait connu cette activité. Les places publiques étaient encombrées. Ici, les gens de Pont-Audemer ; là, ceux d'Elbeuf ; un peu partout, les gardes nationaux sédentaires de la ville. L'air était plein de *Garde à vous !* et de cliquetis d'armes.

Les mobilisés d'Elbeuf, équipés et exercés bien avant les nôtres, avaient une tenue plus militaire. Ils faisaient avec un ensemble assez satisfaisant pour l'œil l'école de bataillon. Deux compagnies purent être dirigées sur Vernon pour appuyer les opérations des derniers jours. Plus tard, ils prirent part aux luttes des bords de la Seine, entre Elbeuf et la Bouille, et leur commandant, M. Goujon, fut blessé à Orival, le 30 décembre.

DÉPART DES CANONS

Parmi les préoccupations du dernier moment, il faut compter, en première ligne, celles qui se rapportaient au désir de soustraire à l'ennemi les armes confiées à la garde des municipalités. C'était un devoir patriotique que la crainte, d'ailleurs, aidait puissamment à remplir. Louviers devait donc aviser aux moyens de se débarrasser des fusils de sa garde nationale et de son artillerie.

M. Félizet, sous-lieutenant, se chargea de transporter les fusils à Bernay, et s'acquitta heureusement de cette mission.

Quant à l'artillerie, c'était une autre affaire. Elle était parquée dans la cour de la maison d'Angreville, dépendance de la mairie, et son aspect faisait naître de sinistres pensées chez beaucoup de gens. Au contraire, les francs-tireurs, les mobiles, les mobilisés de passage la regardaient d'un œil d'envie et s'en seraient volontiers chargés, n'eût été l'embarras de trouver des attelages.

Plusieurs même, dans la suite, s'arrogèrent sans façon l'honneur de l'entreprise.

Cependant, elle ne bougeait pas. Les timides, dont les nerfs commençaient à s'irriter, ouvrirent l'avis de mettre les pièces hors de service, de les enterrer, de les jeter à l'eau, etc. Heureusement, les hommes qui les avaient pour ainsi dire créées faisaient bonne garde. Ils se procurèrent des chevaux, et le 6 décembre, vers quatre heures du soir, treize pièces, avec leurs caissons, partirent par la route du Neubourg et purent arriver le lendemain à Bernay. La petite escouade, sous le commandement de M. Huvey, lieutenant de la garde nationale, continua de les servir, et fit partie de l'armée de l'Eure, tant que celle-ci opéra autour de Bernay.

Vers le milieu de janvier, le général Saussier, ayant à sa disposition des batteries de l'État, autorisa la remise des canons de Louviers à l'arsenal de Cherbourg. C'est alors que M. Huvey, nommé capitaine d'artillerie de l'armée auxiliaire, fut envoyé en Sologne, avec MM. Corneille et Meurdrac.

Quant aux gros canons en fonte, ils eurent un sort bien différent. Trop lourds pour être transportés, on dut se résigner à les cacher. Six furent enfouis, par M. Clovis Gosselin, dans une carrière, à Saint-Pierre-du-Vauvray.

En pleine occupation prussienne, un braconnier en fit la découverte. Grand émoi chez les habitants! M. Gosselin dut se dévouer une seconde fois. Il le fit bravement, et enterra si bien ses canons qu'on n'en revit plus trace. Plus tard, après l'évacuation, ils furent exhumés et vendus à l'encan, comme ferraille, par le commissaire-priseur Thouet. Ainsi finissent les choses de ce monde!

Plus heureux que ses pareils, un autre canon en fonte que M. Huvey avait laissé à Bernay, sur la demande du maire, servit le 21 janvier à la défense de cette ville. Les gardes nationaux le chargèrent à mitraille et en tirèrent plusieurs coups qui, d'après une relation, firent beaucoup de mal à l'ennemi. C'est au moins une consolation.

Donc, le 7 décembre, toutes les forces militaires avaient disparu, et Louviers était à la merci de l'ennemi qui le menaçait de plusieurs côtés à la fois. Le maire de Gaillon, toujours sur la brèche, envoyait sa dernière dépêche *par exprès* (car le télégraphe s'était replié la veille), annonçant que les Prussiens jetaient un pont de bateaux sur la Seine, à Port-Morin. Plus bas, les uhlans visitaient Pont-de-l'Arche, qui n'avait pas détruit son magnifique pont de pierre, et donnaient avis de l'arrivée pour le lendemain d'un corps considérable. Il fallait donc se préparer à subir cette occupation si redoutée.

Des bruits avaient couru que les Prussiens s'emparaient de tous les hommes mariés atteints par la dernière mobilisation ; bruits très-exagérés sans doute, mais non tout à fait dénués de fondement, comme on le verra bientôt. Un avis avait été placardé aux Andelys et dans tout le Vexin. Il était ainsi conçu :

« Les jeunes gens mobilisables, de vingt et un à quarante ans, ont défense de quitter leurs foyers.

« Si, malgré l'avertissement en question, certains partaient, les communes en seraient responsables et soumises à réquisition.

« Il ne sera fait rien à ceux qui ne partiront pas.

« *Le commandant en chef de Gisors.*

« Les maires sont responsables si l'affiche est outragée. »

La municipalité de Louviers, qui tenait à assurer autant que possible la sécurité des citoyens, s'émut de ces menaces, grossies par la rumeur publique, et envoya quelques-uns de ses membres à la sous-préfecture, pour demander que les listes de mobilisation fussent détruites. Le sous-préfet venait de quitter Louviers pour se rendre à Bernay, auprès du préfet. Les listes avaient été enterrées dans une cave, ainsi que d'autres papiers d'une certaine importance. On en fit l'exhumation, non sans peine. Comme la chose devait être tenue secrète, l'un des délégués se procura une pioche et s'en servit lui-même, avec une vigueur et un savoir-faire qu'on n'aurait pas soupçonnés. Cette scène qui se passait en tout petit comité, dans une cave, à la pâle lueur des bougies, témoignait des lugubres préoccupations qui assiégeaient les esprits. Le volumineux paquet fut déposé à l'hôtel de ville et livré aux flammes, sans désemparer.

On chercha aussi la liste des souscripteurs pour l'achat des canons et mitrailleuses. Un article de l'arrêté portait qu'en raison des circonstances cette liste serait détruite. On ne put la découvrir, et la pensée de la voir tomber aux mains des Prussiens ne laissa pas que de troubler quelques consciences. La vérité est qu'elle s'était trouvée brûlée la veille, avec beaucoup d'autres papiers de nature à compromettre certaines personnes qui avaient pris une part active à la défense nationale.

On redoutait tellement les vengeances de l'ennemi, que M. Garnier, capitaine des francs-tireurs, blessé pendant la campagne, non-seulement quitta Louviers, mais encore fit disparaître son nom de l'enseigne de sa pharmacie. Ce n'était pas sans raison; car, sur ces entrefaites, les troupes de Von Gœben brûlaient, à Fleury-sur-Andelle, la maison de M. Lecouturier, qui avait servi de guide au général Briant, lors de l'affaire d'Étrépagny.

Le 8 décembre, à part les esprits, tout était préparé en vue de recevoir l'ennemi. Il ne se fit pas attendre. Une vingtaine d'éclaireurs à cheval arrivèrent à une heure après midi devant la mairie ; ils annoncèrent qu'une colonne de 6,000 hommes marchait sur Louviers et y passerait la nuit.

Ces troupes, sous les ordres du général de Massow, se composant de deux régiments, cinq escadrons, deux batteries d'artillerie, débouchèrent par le faubourg de Rouen, à trois heures du soir. Elles firent halte sur la place de ce nom ; les officiers se groupèrent autour du commandant, consultèrent leurs cartes, les pointèrent, et puis, immédiatement, firent procéder à l'occupation des divers quartiers de la ville et au placement des avant-postes. La craie remplit son office, comme d'habitude, et les soldats se précipitèrent dans les maisons.

Tous les magasins s'étaient fermés spontanément, ce qui n'empêcha pas qu'ils firent irruption dans les bureaux de tabac, chez les aubergistes, cafetiers, charcutiers, pâtissiers, épiciers, bonnetiers, et prirent tout ce qui se trouva à leur convenance. Les charcutiers et les pâtissiers principalement furent assaillis de leurs visites. Les aubergistes passèrent aussi de mauvais moments. L'un d'eux, le sieur Varin, faillit être victime de leur ivrognerie et de leur brutalité.

Ces troupes, du reste, étaient admirablement équipées, et les hommes jouissaient d'une santé qui ne pouvait être compromise que par leurs excès. Quelle différence d'aspect avec nos pauvres soldats, si défaits, si mal habillés, qui remplissaient naguère encore les rues de la ville !

Je n'ai pas besoin de dire que la soirée et la nuit parurent bien longues et bien tristes aux habitants de Louviers. De son côté, la municipalité commença, dès ce jour, l'apprentissage du seul rôle qu'elle eût à jouer. Il consistait à pourvoir *tout de suite* aux besoins ou même aux caprices du vainqueur. La plume ne courut plus sur le papier, depuis celle du maire jusqu'à celle du dernier employé de la mairie, que pour libeller des *réquisitions*, mot presque nouveau pour nous, chose plus nouvelle encore !

Des gants, des chaussettes, des clous, du café, de l'eau-de-vie, des voitures, des fourrages, des bottes, des cigares, etc., tout cela était bon, et il fallait avoir tout cela ! Ajoutez à ces exigences les billets de logement, les réclamations des habitants qui se trouvaient surchargés (et qui l'étaient souvent par le fait des Prussiens plutôt que par celui de la municipalité), les plaintes de toute nature, à la suite de violences, vols, etc., et vous aurez une idée de la tâche qui incombait aux représentants de la commune. Dans les bons jours de l'occupation, on commençait à six heures du matin et l'on n'avait pas fini à onze heures du soir. Mais n'anticipons pas.

Cette après-midi et cette nuit du 8 décembre, si longues qu'elles nous parussent, eurent une fin. Les Prussiens, bien repus, bien logés, bien couchés, se contentèrent de voler, ici et là, ce qui se trouvait sous leur main et d'emporter *force cognac*. Dès sept heures du matin, ils prirent la direction d'Évreux, après avoir réquisitionné, bien entendu, les chevaux qui se trouvaient dans la ville. Ils eurent la modération de n'en emmener que cinq ou six.

J'oubliais de mentionner qu'ils brisèrent dans la cour de l'hôtel de ville trois cents fusils enlevés dans les villages voisins. Ils avaient aussi fait publier l'ordre de déposer à la mairie toutes les armes *sans exception*, sous peine de punition grave. Cet ordre fut souvent renouvelé dans la suite.

Il y a des maux qu'on ne peut pas imaginer, parce qu'ils n'ont pas d'analogues. Il faut absolument les avoir endurés pour s'en rendre compte. Tel est le trouble moral excité par la présence de l'ennemi au foyer domestique. J'accorde que cette présence soit accompagnée des circonstances les plus favorables, que vos hôtes ne soient ni menaçants, ni gourmands, ni voleurs (conditions difficiles à réunir); cependant, à partir de l'heure où ils ont mis le pied sur votre seuil, la vie s'est comme retirée de vous; vous n'êtes plus vous-même; une fièvre lente vous brûle le sang; il vous prend des rages soudaines, suivies de désespoirs profonds; parfois surgit l'idée de tout abandonner et de partir, marchant devant soi, sans autre souci que d'échapper à l'étreinte du vainqueur.

En temps de guerre, il n'y a vraiment qu'une

situation enviable, c'est celle du soldat. L'ennemi n'est bon à voir que sur le champ de bataille. Les hontes réservées à l'homme désarmé font monter la rougeur au front. Aussi, avons-nous tous gardé un impérissable souvenir des hôtes que l'occupation nous imposait. Les lourds talons de leurs bottes et le choc de leur sabre sur les pavés, ou sur la terre durcie par la gelée, résonnent encore à nos oreilles. Plus d'une porte a conservé l'empreinte de la crosse de leur fusil, et il nous semble voir encore les traces de la craie qui changeait nos maisons en casernes. Et ces tambours rauques, et ces fifres piaillards, et les cris rêches des chefs, et ce casque affreux qui donne à la physionomie la moins martiale je ne sais quoi de farouche et de faux, pourrons-nous les oublier jamais?...

En même temps que Pont-de-l'Arche et Louviers étaient occupés, Gaillon et toute la contrée environnante regorgeaient de Prussiens.

Le 8 au matin, ils jetèrent un pont au Port-Morin, près le Petit-Andely, au moyen de bateaux en fer. Ce travail fut achevé en deux heures. Dans l'après-midi, toute la colonne, forte d'environ 12,000 hommes, cavalerie et infanterie, avec quatorze pièces de canon, passa la Seine et se répandit dans les communes de Tosny, Venables, Aubevoye, Villers-sur-le-Roule, Sainte-Barbe, Gaillon, Heudebouville, etc.

Dans cette dernière commune, un coup de fusil tiré par un sieur Petel faillit coûter cher aux habitants. Deux compagnies de Prussiens, arrivées vers six heures du soir, se logeaient sans façon où le hasard les portait. Petel crut qu'en les recevant à coups de fusil il leur ferait peur et en serait ainsi débarrassé. En conséquence, il charge à plomb un mauvais fusil et se place en embuscade. Une demi-douzaine de soldats se présentent à ce moment et s'efforcent d'enfoncer à coups de crosse la porte qui résiste. Petel fait feu, puis se sauve à travers sa cour. Aussitôt la porte vole en éclats, et les soldats déchargent leurs fusils dans la direction qu'il a prise.

Atteint d'une balle à l'épaule, blessé à la tête d'un coup de sabre, il est saisi et traîné, avec force bourrades, devant les officiers qui se trouvaient chez le maire, M. Amette. Sur les instances de ce dernier et sur son affirmation que Petel ne jouissait pas de toute sa raison, ils lui promirent qu'il ne serait pas fusillé, mais ils ajoutèrent que sa maison allait être brûlée sur-le-champ, pour l'exemple.

« En entendant cette décision, dit M. Amette, nous recommençons nos prières, et nous exposons que l'habitation de Petel étant très-rapprochée des autres maisons, le feu se propagerait certainement et ferait des victimes qui n'étaient pour rien dans cette affaire. Ils se rendirent de nouveau, promirent qu'il n'arriverait rien dans la nuit, et firent panser les plaies du blessé par leur chirurgien. Cependant cet événement les avait alarmés. Le commandant, le pistolet au poing, me força de le conduire à la mairie, pour s'assurer s'il y avait des armes. J'avais tout fait cacher la veille, sauf une douzaine de fusils qui furent brisés immédiatement. Je dus rester longtemps dans cette position, c'est-à-dire le pistolet sous la gorge, et suivre ce commandant partout où il lui plaisait d'aller. Il rentra enfin dîner chez moi, avec les autres officiers. Quant aux soldats, ils se montrèrent très-exigeants, gourmands et voleurs. Il fallut leur donner tout ce qu'ils demandaient.

« Le matin, à huit heures, toute la troupe se réunit chez Petel. Les officiers firent mettre en tas, au milieu de la cour, lits, armoires, portes, fenêtres, etc., et allumèrent le tout avec des gerbes de blé. Ensuite ils quittèrent la commune. La perte peut être évaluée à 1,600 fr. »

Cette fois, il faut bien l'avouer, ils se montrèrent moins inhumains que de coutume. Il n'en fut pas ainsi, quelques jours plus tard, à Fontaine-Heudebourg.

Le 9, le 10, le 11 décembre furent des jours relativement calmes. Quelques détachements allaient et venaient. Un poste d'une douzaine d'hommes occupait l'hôtel de ville. Comme ils jouissaient de beaucoup de loisirs, ils faisaient jusqu'à cinq repas par jour.

Le lundi 12 renouvela, en les aggravant, toutes nos douleurs. Une colonne de 6,000 à 7,000 hommes, infanterie, cavalerie et artillerie, venant de Vernon, par la route de Pacy, déboucha dans Louviers vers les deux heures après midi, musique en tête. Elle était commandée par le général von Pritzelwitz. Ces troupes se montrèrent fort mal disposées, sous le prétexte qu'un coup de fusil avait été tiré sur elles à l'entrée de la ville, ce qui était faux. Quoi qu'il en soit, on placarda immédiatement l'ordre suivant :

« Par ordre du général de division, si un coup de fusil est tiré, l'homme qui l'aura tiré sera fusillé et sa maison sera brûlée.

« *Le général de division,*
« Von Pritzelwitz.

« 12 décembre 1870. »

Les soldats se logèrent eux-mêmes, en se groupant le plus possible dans le centre de la ville. Puis, afin d'éviter toute surprise, à l'entrée de la nuit, on fit publier cet autre avis :

« *Ordre du général de division.*

« Les habitants sont tenus d'éclairer les fenêtres de leurs maisons, à l'intérieur, pendant toute la nuit, de façon à ce que les rues soient éclairées par cette lumière.

« *Le général de division,*
« Von Pritzelwitz. »

Ces mesures rigoureuses et une réquisition de 1,000 mètres de drap bleu furent heureusement les seuls événements qui marquèrent le passage de ces troupes à Louviers. Le lendemain, elles partirent pour Rouen.

Ici se place le récit du déplorable accident de Fontaine-Heudebourg, qui avait sans doute donné lieu à toute cette mauvaise humeur.

Au moment même de l'arrivée dans cette commune de l'avant-garde prussienne, le sieur Pierre

Massé, horloger, tirait un coup de fusil sur des petits oiseaux. C'est au moins ce qu'il a constamment soutenu, et il est certain qu'il disait vrai, puisque sa propriété est disposée de telle façon, par rapport à la route, qu'il ne pouvait apercevoir les Prussiens. Riposter par des coups de feu, escalader la haie, envahir la maison, saisir Massé et l'entraîner, en le frappant à coups de crosse et de plat de sabre, ce fut pour les dragons l'affaire d'un instant. Puis l'avant-garde continua son chemin avec son prisonnier. Au bout de quelques minutes, un officier revint avec une demi-douzaine de soldats et fit incendier la maison. Tout fut consumé, bâtiments, mobilier, linge, et les habitants durent assister, en spectateurs inertes, à cet acte de sauvagerie !

M. Laquerrière, maire de Fontaine-Heudebourg, et M. de Graveron, d'Heudreville, se rendirent à Louviers pour tâcher d'obtenir la libération du malheureux Massé. La seule faveur qu'on leur accorda, après bien des démarches, fut d'assister au conseil de guerre qui devait prononcer sur son sort. Il se tint à huit heures du soir, dans une des salles de l'hôtel du Mouton. Toute intervention, toute explication furent inutiles ; les soldats prétendirent que l'accusé avait tiré sur eux. On le condamna à mort. Pendant ce temps, dans une salle à côté, des officiers buvaient du champagne et jouaient du piano ! Détail caractéristique qu'on retrouve partout, à Châteaudun, à Étrépagny, etc.

Le lendemain, 13 décembre, à neuf heures du matin, l'exécution eut lieu dans la forêt de Pont-de-l'Arche, à l'endroit dit le *Val-Allou*. Trois jours après, sur les indications d'un cantonnier, on retrouva le corps à 30 mètres de la route. Plusieurs balles avaient traversé la poitrine et les mains.

Cette journée du 12 fut très-pénible pour toute la contrée. Indépendamment de l'occupation de Louviers, plusieurs milliers de soldats, venant de Vernon, par Gaillon, se répandirent dans la vallée d'Eure et jusqu'à Pont-de-l'Arche. Ils jetèrent la terreur dans tous les villages, s'assurèrent des otages qui répondaient sur leur tête de leur sécurité, réquisitionnèrent à outrance et volèrent ce qu'ils omirent de réquisitionner.

Un détachement prit ses logements à Saint-Pierre-du-Vauvray. Il avait pour mission spéciale d'escorter des mobilisés qui avaient été pris sur la route de Vernon, à Saint-Pierre-de-Bailleul, un peu partout. Beaucoup étaient mariés; à l'approche des Prussiens, ils étaient partis dans la crainte d'être arrêtés.

Le décret sur la mobilisation des hommes mariés n'ayant jamais été appliqué, ils durent revenir chez eux, en même temps que des mobilisés célibataires que les événements avaient empêchés de rejoindre leur bataillon. Mais ils commirent l'imprudence de voyager par groupes nombreux, sans se garder, dans l'équipage de conscrits, le petit paquet sur le dos, la ceinture aux reins. Cernés par des détachements prussiens, ils furent faits prisonniers. On en relâcha un certain nombre; mais ils étaient encore environ 80 lorsqu'ils firent étape à Saint-Pierre-du-Vauvray.

Voici un exemple de la manière dont les Prussiens procédaient à ces enlèvements inqualifiables.

Le 10 décembre, à sept heures et demie du matin, 500 Prussiens firent leur apparition sur les hauteurs de Saint-Étienne-sous-Bailleul, en vue de la Grâce. Tout à coup, ils se divisent en trois groupes, dont deux, l'un à droite, l'autre à gauche, contournent le village, tandis que le troisième vient occuper la place publique. C'est le fameux mouvement tournant. Cette manœuvre n'annonçait rien de bon; aussi des jeunes gens qui avaient entendu dire, comme tant d'autres, que les Prussiens arrêtaient tous les hommes valides, furent pris de panique et se sauvèrent à travers les champs; mais mal leur en prit, car le village était déjà cerné de toutes parts. Six d'entre eux, de dix-sept à vingt-six ans, tombèrent aux mains des soldats. Un jeune homme de Saint-Étienne, marié, fut percé de part en part d'un coup de baïonnette et laissé mort sur la place; un autre essuya, dans sa fuite, une décharge qui ne l'atteignit pas.

Après avoir brisé une vingtaine de fusils de gardes nationaux et menacé de mort quiconque serait trouvé nanti d'une arme; après avoir déjeuné copieusement sur la place publique, les Prussiens s'apprêtèrent à partir. Les pauvres prisonniers étaient déjà dans les rangs, les parents suppliaient les chefs de ne pas les emmener. Le maire, M. Defontenay, joignait ses efforts aux leurs, affirmant que ces jeunes gens étaient tout à fait inoffensifs, et que peut-être pas un seul n'avait de sa vie tiré un coup de fusil. Ce qui était vrai. Tout fut inutile, il fallut partir.

Nous les retrouvons à Saint-Pierre-du-Vauvray, le 12 décembre, en nombreuse compagnie. Le lendemain, on réquisitionna des voitures, et nos pauvres prisonniers furent dirigés sur Fleury, puis sur Gisors, et enfin sur Beauvais, dernière étape des parents et des femmes qui avaient suivi leurs enfants ou leurs maris, avec l'espoir de les ramener. Mais cet espoir, ils durent le perdre, quand ils les virent monter en chemin de fer, dans des vagons à bestiaux. Ils partaient pour l'Allemagne. Le voyage fut des plus rudes. Entassés pêle-mêle, sans siége ni paille, mal nourris et à peine vêtus, par un froid des plus rigoureux, après quatre jours et quatre nuits, ils arrivèrent à Munich, où ils furent casernés. A quelque temps de là, on leur donna des képis et des tuniques provenant des dépouilles des prisonniers français. Amère dérision! on en voulait faire absolument des soldats! Le régime de la caserne se composait d'une soupe au riz, d'un peu de viande avec du pain noir; en outre, chaque prisonnier recevait 30 centimes par jour. Grâce à M. Schickler, sujet prussien, propriétaire du château de Bizy, auquel ils s'étaient recommandés, ils n'eurent à subir aucun mauvais traitement particulier. M. Schickler leur donna des couvertures, des caleçons, du tabac, etc. Cependant quatre d'entre eux, les plus jeunes, ne purent résister aux souffrances qu'ils avaient endurées; ils moururent là-bas. Les autres revinrent au bout de trois mois de captivité.

Mais revenons à notre ville de Louviers. Le 14 décembre, on aurait pu respirer un peu, si une vingtaine d'artilleurs de passage n'avaient, par leurs violences, mis toute la ville en émoi. Ils étaient logés, sur réquisition, chez le sieur Blondel, aubergiste. Le soir, les fumées du vin leur montant à la tête, ils se mirent à fouiller la maison, à voler, à briser les meubles. Ils tentèrent même de pénétrer dans une chambre où ils savaient que se trouvait une jeune fille malade. On fut obligé de l'enlever et de la cacher chez un voisin. Blondel et plusieurs autres personnes, qui cherchèrent à s'opposer à leurs excès, coururent risque de la vie.

Informé de ces faits, M. Bayeux, procureur de la République, se rendit au poste de la mairie. Mais les braves qui le gardaient refusèrent de bouger, par cette raison suprême qu'ils n'étaient que *neuf* et que leurs camarades étaient *dix-huit*! Revenu place d'Évreux, où la foule s'était amassée, il tenta vainement, avec quelques citoyens courageux, de pénétrer chez Blondel. Deux soldats ivres gardaient la porte et jouaient de la pointe avec fureur, au moindre mouvement en avant. C'est ainsi qu'une vingtaine d'hommes avinés tinrent pour ainsi dire toute une ville en respect.

Une plainte fut adressée par le maire au général commandant le premier corps d'armée. Voici sa réponse :

« 17 décembre 1870.

« Monsieur le maire,

« J'ai l'honneur d'accuser réception de votre lettre du 16, par laquelle vous portez à ma connaissance les excès commis à Louviers par des artilleurs de mon corps. Aussitôt que l'enquête que j'ai ordonnée aura fourni des preuves, les *excédants* seront punis sévèrement.

« Je vous remercie de votre communication.

« J'ai l'honneur de me signer.

« Von Bentheinn. »

On ignore, malgré ces assurances, s'il fut donné suite à cette affaire. Dans tous les cas, elle était de nature à couper court aux propos malveillants qui circulèrent sur le compte de l'administration municipale, et dont le *Progrès de l'Eure* se fit l'écho. Son numéro du 25 décembre contenait cette étrange allégation :

« On nous assure qu'à Louviers il n'y a plus d'autres forces ennemies qu'un poste de 25 hommes, qui, d'ailleurs, n'y aurait été laissé que *sur la prière expresse et réitérée* qu'en a faite la municipalité de Louviers au général von Manteuffel. »

On vient de voir comment ce poste, qui ne faisait autre chose que boire, manger et dormir, exerçait en faveur des citoyens une protection efficace !

A cette époque, tout le département de l'Eure, à part Bernay et ses environs, était occupé ou avait été visité par l'ennemi. L'isolement le plus complet régnait autour de nous.

SUBSISTANCES. — NOUVELLES

Depuis le 15 décembre jusqu'au 15 février, la ville de Louviers ne fut pas occupée d'une manière permanente. Elle n'était qu'un gîte d'étape, sans garnison à demeure. Pendant cette période, trois choses se partageaient nos soucis : les subsistances, les nouvelles de la guerre, les soldats à loger.

Les subsistances n'ont jamais fait défaut ; le pain n'a pas même été sensiblement augmenté. Mais on n'en savait rien, et les journaux eux-mêmes engageaient les cultivateurs à faire beaucoup de blé pour conjurer la famine. D'un autre côté, les difficultés qu'éprouvaient à se ravitailler les populations des pays envahis avant nous pouvaient nous donner de légitimes inquiétudes. La présence des Prussiens effarouchait les paysans, qui, dans la crainte d'être réquisitionnés, n'apportaient plus leurs denrées au marché. Les troupes françaises, cantonnées sur la lisière, voyaient, dans le transport de toute espèce de victuailles, des facilités de ravitaillement pour l'ennemi, et s'occupaient à peine de la population envahie, dont elles augmentaient les terreurs, il faut bien le dire, sans raison suffisante. Un marchand qui transportait des bestiaux, du sucre ou même du charbon, n'avait pas toutes ses aises le long de la route. Les entreprises de ce genre étaient semées d'aventures, comme au moyen âge. Souvent les gardes nationaux s'en mêlaient, et opéraient des arrestations qui auraient pu fournir matière, en d'autres temps, à des scènes de haut comique. Le Prussien cependant dévorait les réserves du pays et s'engraissait démesurément.

Les craintes causées par les difficultés de l'alimentation, quoique fondées, tombèrent peu à peu, en présence de l'abondance relative de toutes les choses nécessaires à la vie. La ville de Louviers avait fait acheter des blés et établi une boulangerie à prix réduit pour les indigents. Les particuliers eux-mêmes avaient mis en réserve, suivant leurs moyens, des provisions plus ou moins abondantes. Le sucre seul faillit un instant manquer. On employa beaucoup les cassonades et les sucres cristallisés.

Après le pain quotidien, le grand souci était de savoir si on le mangerait soi-même, ou s'il faudrait le partager avec les soldats du roi Guillaume. On allait par la ville, s'enquérant des passages de troupes ; jusqu'à quatre heures de l'après-midi, on n'osait se flatter d'aucun espoir; mais, le soir venu, on commençait à se tranquilliser. Par précaution, on fermait ses portes et l'on dissimulait ses lumières, ce qui n'était pas inutile; car des patrouilles ou des traînards survenaient parfois, à une heure avancée de la soirée, ou même de la nuit. Ils se logeaient comme ils pouvaient. Des portes résistaient-elles obstinément ? Alors, c'était le tour des coups de crosse. On se trouvait ainsi réveillé au milieu d'un cauchemar.

A ces tristes préoccupations venait se joindre, en les doublant, le souci des nouvelles du dehors. Que faisaient les Parisiens ? Où se trouvait Chanzy ? Il circulait des contes impossibles, mais qui n'en étaient pas moins écoutés avec avidité et colportés sans vergogne. Le Mont-Valérien, à cette distance, prenait des proportions incroyables; son artillerie hachait menu les Prussiens, coupait en deux le prince Frédéric-Charles, en ce moment sur la Loire. Paris débloqué, Versailles bloqué, des ballons enrubannés, tout cela était imprimé, ou courait de bouche en bouche. Quelque absurdes que fussent des bruits de cette nature, on ne pouvait s'empêcher de les accueillir avec joie. A force de les entendre, on inclinait même à y croire. Mais, par exemple, gare au pauvre diable qui s'avisait de prétendre que les Français étaient battus sans remède, que Paris avait capitulé, ou était sur le point de le faire. On l'empoignait immédiatement, et il devait s'expliquer devant les tribunaux. Plusieurs condamnations, qui prononçaient la prison et de fortes amendes, firent justice de quelques-uns de ces colporteurs de fausses nouvelles. Ils étaient sans doute coupables, puisqu'on les condamnait. Mais combien plus coupables étaient de hauts fonctionnaires qui nous transmirent si souvent des dépêches d'une contexture à faire hésiter le télégraphe lui-même! Il est vrai qu'elles annonçaient des succès!

Quoi qu'il en soit, on se portait partout où l'on pensait découvrir quelques clartés. Les voitures publiques étaient littéralement assiégées, et les conducteurs sommés de dire ce qu'ils avaient vu, entendu, à Évreux, à Elbeuf, à Rouen, à Vernon. Les rares journaux qui se débitaient étaient enlevés instantanément. Après l'occupation de Rouen, nous n'eûmes que les journaux d'Évreux, et quelquefois le *Moniteur du Calvados*. Quelques bulletins de la République arrivaient de Bordeaux, tout meurtris par le voyage et le bousculement dans les gares. Le télégraphe, d'abord supprimé (6 décembre), puis rétabli sur Évreux, quelques semaines plus tard, rompait un peu notre isolement et nous faisait participer, par un fil, à la vie générale. Mais ce fil lui-même nous manqua bientôt. Il s'enchevêtrait dans les arbres, il serpentait sur les maisons et se glissait furtivement jusque dans les bâtiments de la sous-préfecture. Vaines précautions! Des Prussiens, en reconnaissance, le découvrirent un jour (15 janvier). Ils grimpèrent dans les arbres, escaladèrent les toits et pénétrèrent, en vociférant, dans la pièce où l'appareil avait été installé. Il fallut y renoncer. On ne put pas même le rétablir lors de l'armistice. Les tentatives que l'on fit à ce moment furent arrêtées par la lettre suivante du préfet de l'Eure :

« Évreux, le 5 février 1871.

« MONSIEUR LE SOUS-PRÉFET,

« Le directeur général des télégraphes prussiens se refuse formellement à ce qu'aucune ligne télégraphique soit rétablie sur aucun point du département. Veuillez, en conséquence, faire cesser toute espèce de travail dans ce but. Prévenez-en immédiatement les agents du télégraphe, préposés à l'exécution de cette besogne.

« Recevez, etc. VERNEY. »

Quant à l'organisation des cantonniers en service d'éclaireurs, elle fut toujours très-imparfaite. Ils y mirent de l'exactitude et du dévouement ; mais les nouvelles ainsi obtenues étaient peu sûres et d'un intérêt très-secondaire.

La manière dont se faisait le service des postes mérite une mention. Nos pauvres facteurs de la ville et des campagnes étaient de la part des Prussiens l'objet d'une surveillance spéciale, et il n'était pas rare qu'ils fussent arrêtés, fouillés et quelquefois battus. Pour ne pas éveiller l'attention, ils avaient dépouillé tout signe extérieur et revêtu de simples blouses. Ils cachaient les lettres dont ils étaient porteurs dans leurs poches, sous la coiffe de leur chapeau, un peu partout, et ils faisaient leurs tournées en se donnant, autant que possible, l'air de gens qui ne songent à rien.

JOURNAUX DE L'EURE

Nous serions ingrat si nous ne consignions ici le souvenir des services rendus par la presse du département de l'Eure.

Le silence des journaux de Rouen, à partir de l'occupation de cette ville, avait bien sa dignité; mais le *Moniteur prussien*, qui les remplaça, vers le milieu de décembre, et dont quelques numéros parvenaient à Louviers, ne pouvait guère répondre à nos aspirations. En restant courageusement sur la brèche, et en signalant les faits et gestes des Prussiens, les journaux d'Évreux firent acte de patriotisme. Sans doute, quelques-uns ne purent se garder de tomber dans l'exagération et le parti pris; mais, devant l'ennemi, ils firent bonne contenance.

Le *Progrès de l'Eure*, dont les nerfs étaient particulièrement irrités, eut à subir, de sa part, plus d'une algarade. Dans les premiers jours de janvier, l'imprimerie fut occupée militairement. Plus tard, vers la fin de février, MM. Germain, gérant du journal, et Boué, de Villiers, rédacteur, furent arrêtés et subirent quelques jours de captivité. La publication de la feuille fut suspendue.

Le journal *l'Eure*, beaucoup plus modéré, ne put cependant se garantir de toute peccadille. La reproduction d'un article intitulé : *M. d'Israéli devant l'Europe*, lui valut une amende de 300 fr., dont reçu en forme lui fut donné par le préfet Von Porembsky (20 février).

Il nous est resté de cette lutte un document qui n'a peut-être pas son pendant dans l'histoire de cette guerre :

« Par ordre du général de Barby, le gouvernement prussien porte à la connaissance du maire d'Évreux que, vu quelques articles des plus indignes et odieux, dans le *Progrès de l'Eure*, le maire sera fait responsable du contenu de ce journal, et qu'il ira, ou fera cesser le journal, ou livrer le rédacteur au commandant prussien. En cas de récidive, la ville d'Évreux sera *bombardée*, ou mise à de plus grandes contributions.

« Evreux, 5 janvier 1871. »

Comme on le voit, il s'agissait tout simplement d'articles indignes et odieux. La censure prussienne paraissait n'avoir en vue que de prévenir de semblables articles ; mais elle considérait comme tels « des opinions, des récits, des communications, etc., qui *soient* injurieuses pour le gouvernement ou l'armée allemande » (lettre du major Sémern au maire d'Évreux, du 21 janvier). C'est dans cet esprit que le gouverneur général du nord de la France (le département de l'Eure en fit partie) formulait, dans un décret du 18 janvier, les prohibitions suivantes :

« Il est défendu de publier des écrits d'une *tendance hostile* à l'armée allemande, ou des *critiques* contre les mesures des autorités allemandes.

« En cas de contravention, la continuation du journal sera prohibée, et le rédacteur, aussi bien que l'éditeur, sera mis à l'amende ou puni d'emprisonnement.

« De Fabrice. »

Il était difficile, à moins de se taire, de ne pas commettre quelque contravention. Du reste, la sanction de ce décret se comprend mieux que le *bombardement* imaginé par l'humoristique général de Barby.

Mais je reviens à la ville de Louviers.

La fin de décembre et la première moitié de janvier furent relativement calmes. La campagne de la Loire et celle du Mans donnaient fort à faire aux Prussiens; la campagne du Nord, contre Faidherbe, exigeait une concentration de troupes; enfin, les combats qui se livrèrent sur les bords de la Seine, entre Elbeuf et la Bouille, les forcèrent de dégarnir à peu près tout le pays compris entre Saint-Germain, Mantes, Évreux et Louviers. Mais bientôt les premiers effets de la bataille du Mans se firent sentir. On annonça que des fourgons, au nombre de 500 à 600, étaient arrivés à Évreux. D'où venaient-ils? Où allaient-ils? Que signifiaient-ils? On ne manqua pas d'attribuer ce mouvement à une sortie des Parisiens qui avait forcé les Prussiens d'évacuer Versailles. Ce qui donnait quelque crédit à cette interprétation, malheureusement des plus fantaisistes, c'est que tous ces fourgons et les troupes qui leur servaient d'escorte offraient le plus misérable aspect. Le 26 janvier, ils arrivèrent à Louviers, vers quatre heures du soir. C'étaient les fourgons des subsistances appartenant au 13° corps d'armée, commandé par le grand duc de Mecklembourg. En même temps, l'artillerie de ce corps, la cavalerie, l'infanterie, les équipages de pont passaient par le Neubourg et Amfreville, se dirigeant sur Rouen. C'était le renfort envoyé à l'armée de Manteuffel.

Le lot échu à la ville de Louviers pouvait donner une idée des hordes d'Attila. Rien n'égalait la rusticité primitive des voitures, la maigreur des chevaux, la malpropreté des paysans bavarois qui les conduisaient. C'est à ce moment que l'on constata l'invasion d'une vermine encore inconnue, « une sorte de pou noir en dessus, rouge en dessous et comme poilu. Son passage sur la peau occasionne une vive démangeaison, une sensation ardente de reptation, jointe à la production de cloques aqueuses. Il semble se multiplier rapidement. Quel est cet animalcule?... Qui l'a amené?... » (*Progrès de l'Eure*, 26 janvier.) Je ne crains pas d'en faire hommage aux conducteurs des fourgons mecklembourgeois.

Pendant leur séjour à Louviers, un entrepôt de subsistances fut établi dans le vaste atelier de constructions mécaniques de Mme Mercier, et les réquisitions se succédèrent avec un entrain remarquable. Réquisitions du département, réquisitions de l'intendance du 13e corps, installée à Louviers, réquisitions particulières de MM. les officiers..... cela promettait pour l'avenir! Heureusement, la conclusion de l'armistice (28 janvier) fut signifiée sur ces entrefaites (1er février), et l'on essaya, comme on va le voir, de relever un peu la tête. Ce n'était pas chose aisée.

Rendons ici justice à la municipalité de Louviers qui trouva le moyen de rester digne, tout en satisfaisant aux exigences de l'ennemi. L'éloignement de la guerre rendit, il est vrai, sa tâche plus facile que celle des localités visitées tour à tour par les troupes prussiennes et par les troupes françaises. Elle n'eut pas à subir les soubresauts de la fusillade, ou les terreurs du bombardement; elle n'éprouva pas, non plus, la colère d'un ennemi qu'irrite la résistance ou même la défaite. Mais enfin, elle fit face à tous les besoins du moment et économisa, autant que possible, les finances de la ville.

De son côté, la population eut une attitude convenable, et il ne s'établit point de rapports de camaraderie entre les vainqueurs et les vaincus.

LES PRUSSIENS AU NEUBOURG

Le dimanche 11 décembre 1870, vers trois heures de l'après-midi, au moment où sonnaient les vêpres, les Prussiens arrivèrent à la sourdine, sans tambour ni trompette, et envahirent la petite ville du Neubourg. Les jours précédents, ses rues avaient été traversées par des troupes françaises, au nombre de 10,000 à 12,000, dans le tohu-bohu le plus inexprimable. La scène changea bien sous ce rapport.

D'abord des cavaliers en exploration débouchèrent au galop par la rue de Conches. L'un d'eux se démenait comme un possédé, en entendant la cloche de l'église ; et, de ce ton qui n'appartient qu'à nos vainqueurs, il vociférait l'ordre de cesser de sonner à l'instant même. Presque aussitôt une colonne de 1,800 hommes environ, venant d'Évreux, occupa la ville. C'était le 43ᵉ régiment de la Prusse orientale, avec deux batteries d'artillerie et de la cavalerie. Un sergent précédait les hommes, marquant les logements à la craie. Ce sergent était gouailleur. Des badauds s'étant amusés à examiner et à soulever niaisement son fusil : « Chassepot, pris à Metz, dit-il, trop lourd pour des Français ! » Ce qui n'empêcha pas qu'au Neubourg, comme partout, ces braves ne prissent le plus grand soin de ne pas se disséminer. Ils s'entassèrent les uns sur les autres dans les maisons du centre de la ville, évitant les faubourgs et les habitations écartées. Ils étaient à peine installés qu'ils publièrent l'ordre habituel d'apporter les armes de toute catégorie, avec menace de fusiller quiconque en serait trouvé détenteur, et d'incendier sa maison.

Pour que ces sommations ne restassent pas à l'état de lettre morte, on fit quelques perquisitions chez les particuliers, on défonça des portes, des placards, et l'on visita surtout les caves.

Personne, dit un témoin oculaire, ne dormit cette nuit-là au Neubourg, sauf les Allemands repus dont le plus grand nombre étaient ivres, depuis les soldats jusqu'aux officiers supérieurs. Un échantillon put se voir chez M. Ozanne, qui logeait un capitaine d'infanterie et son lieutenant. Sur le refus de ce propriétaire de leur donner à boire au-delà du besoin, ils avaient fait venir du dehors du vin, du cognac, etc. Leur ivresse fut ignoble : cris d'aliénés, jet de bouteilles vides ou pleines par les fenêtres, plaisanteries tudesques suivies de contorsions diaboliques, galanteries de goujats à l'adresse de la domestique, et, finalement, dans leur chambre, le bouquet traditionnel !

Après avoir tâté, le 13, les avant-postes de l'armée française, échelonnés dans la vallée de la Risle, la colonne se remit en marche le 14 au matin, par la route de Pont-Authou. Toutes les voitures du pays furent mises en réquisition, et les habitants contraints de servir de guides, sous menace de mort.

Cette horde était à peine disparue qu'une autre arrivait par la route de Beaumont. Nouvelles sommations de livrer les armes, nouvelles menaces de fusiller, d'incendier, etc. A son départ, le 15, on s'aperçut, comme au départ de la première, de la disparition d'une multitude d'objets infiniment variés, tels que montres, clysopompes, linge, paletots, argent, comestibles, vins, eau-de-vie, etc.

Le 20 décembre, une reconnaissance des mobiles de la Loire-Inférieure, peu habilement conduite, eut pour résultat la capture d'un Prussien qu'une balle perdue atteignit à la cheville. Ce Prussien, conduit à Bernay, fut condamné, par sentence d'un conseil de guerre, à être fusillé immédiatement. Il portait, en même temps que son fusil et des cartouches, un brassard d'ambulance. Perfidie prussienne souvent renouvelée qui lui permettait d'être *mouton* ou *loup*, suivant les circonstances.

Le 11 janvier 1871 fut un jour d'alerte et d'émotions pour les habitants du Neubourg.

Vers huit heures du matin, des francs-tireurs de Caen (capitaine Benoist), et quelques mobiles de la Loire-Inférieure, venus la nuit de Beaumont-le-Roger, s'embusquèrent dans les maisons, à l'entrée du faubourg du Prieuré. Ils tirèrent sur les premiers Prussiens qui parurent, en tuèrent trois, et se replièrent, en annonçant, contre toute vérité, l'arrivée de 1,500 mobiles qui devaient occuper et défendre le pays. Dans leur retraite, ils emportaient des trophées, une selle, des casques et 2,000 francs pris sur le cadavre du sous-officier qui commandait la patrouille, forte d'environ 60 à 80 hommes.

Ces derniers se rabattirent sur Iville. Là, ils donnèrent un nouvel exemple de cette prudence consommée qu'on serait tenté, chez nous, de qualifier de couardise. Arrivés au café Pellerin, ils demandent le maire. M. Bourdon, qui se trouvait là, s'offre pour le remplacer. Sans lui laisser le temps de changer de chaussures, malgré le froid et la neige, malgré son grand âge, ils lui ordonnent de les accompagner. Toutefois, en chemin, ils réquisitionnent une voiture avec son conducteur, et le font monter dedans. Parvenus à la briqueterie d'Iville, ils lui intiment l'ordre d'aller de suite au Neubourg et d'en rapporter leurs morts qu'ils attendraient à cette place même.

Les morts étaient inhumés. M. Bourdon ne put que rapporter un certificat de la mairie constatant ce fait. Il revint à pied du Neubourg, car son conducteur s'était esquivé. Au lieu du rendez-vous, plus de Prussiens. La nuit approchait, ils avaient jugé prudent de déguerpir, en laissant au café Pellerin l'ordre suivant :

« M. Bourdon devra, sous peine de sa sécurité, rapporter sans délai au camp prussien, à la Saussaye, la réponse dont il doit être porteur. »

Ceci n'est qu'un léger incident. Restait la contrepartie de l'expédition des francs-tireurs, qui devait donner beaucoup à réfléchir aux gens du Neubourg, sur l'opportunité de rattacher ces sortes d'opérations à un ensemble de mesures mieux combinées.

Dès le soir même de ce jour, quelques éclaireurs prussiens poussèrent une reconnaissance timide vers le lieu de l'embuscade. C'est l'araignée qui, sentant sa toile ébranlée, sort prudemment de sa cachette pour en découvrir la cause.

Le lendemain, 12 janvier, vers dix heures du matin, arrivent 600 Vengeurs, partis de la Saussaye avec quatre canons qui sont braqués derrière le cimetière. La population est saisie d'une indicible frayeur. Quelques habitants prennent la fuite. Les autres achèvent de cacher leur argent et leurs objets précieux. On ne faisait que cela depuis le commencement de l'occupation.

Le commandant réclame une contribution immédiate de 10,000 fr., sous peine de bombardement et de pillage. Le conseil municipal est convoqué à la hâte, les 10,000 fr. sont trouvés rapidement et versés. Néanmoins une députation, composée de MM. Bucaille, Ozanne, Lemenu, Quesnay et Boucher, partit dans une mauvaise carriole, escortée par le bataillon allemand. Le but de sa démarche était d'obtenir une remise du général Von Gœben, après lequel elle courut pendant près de deux jours. Enfin, elle le trouva à Grand-Couronne. Aux doléances des délégués et à leurs serments que la ville n'était aucunement complice de la prouesse des francs-tireurs, le général répondit : « Je sais bien que la ville n'est pour rien dans ce guet-apens ; mais il faut payer, *pour exemple aux autres localités qui pourraient servir de lieu d'embuscade.* » Il n'y avait plus qu'à se résigner.

Avant de quitter le Neubourg, les Allemands avaient fait des perquisitions dans un certain nombre de maisons. Ne trouvant ni francs-tireurs, ni fusils, ils avaient, pour emporter quelque chose, mis la main sur différents objets, entre autres sur une montre appartenant à M. Bucaille, adjoint. Puis, on avait été contraint de leur porter à manger et principalement à boire sur la place des halles. Le commandant prussien, pendant ce temps, faisait déterrer les trois dragons, pour examen et constatation de leurs blessures. On les renterra, mais les vêtements furent soigneusement enlevés.

La commune d'Iville, voisine du Neubourg, ressentit assez vivement le contre-coup de cette expédition. A son retour, vers deux heures, la colonne fit halte dans ce village. Soudain, on vit les soldats s'éparpiller de tous les côtés, se ruer dans les propriétés particulières, et se saisir de toutes les vaches qui leur tombaient sous la main. La population était affolée. Le maire, M. Lamboy, se rendit auprès de l'officier qui présidait à cette *razzia* et lui demanda des explications. « C'était, dit-il, par ordre de son général, pour punir la commune de prétendues *hostilités déloyales.* » Pendant ce temps, le pillage continuait toujours. On amenait des vaches, maigres ou grasses, des veaux de tout âge, sans distinction. « *Toutes*, dit l'officier, *tel est l'ordre.* » Une vingtaine de vaches prirent ainsi le chemin d'Elbeuf. Puis vint le tour des fourrages et des voitures.

Le maire ne se rebuta pas. Il se rendit immédiatement à Elbeuf, vit le commandant de place qui le renvoya au général, à Couronne. Il poussa jusqu'à Couronne, et là plaida si bien la cause des infortunés ruminants qu'il obtint l'autorisation de les reprendre à la Saussaye. Il paraît d'ailleurs qu'on avait confondu Iville avec Illeville, commune dont on avait à se plaindre. En faisant diligence, il arriva assez tôt pour retrouver toutes les vaches, moins une, que l'officier jugea bon de garder pour lui, comme étant sa part dans la prise. Il y tenait, on la lui laissa. C'était, bien entendu, la plus belle. Les autres rentrèrent à leurs étables le soir même, à la grande satisfaction des habitants.

Cet exemple, si infime qu'il soit, prouve que lorsqu'il se trouvait dans une commune une administration intelligente et ferme, elle pouvait souvent, sinon arrêter les déprédations injustes de l'ennemi, au moins en atténuer singulièrement les effets.

Dans la suite, le Neubourg et ses environs, quoique fréquemment visités par les troupes prussiennes, eurent moins à souffrir de leur passage. Le théâtre de la lutte s'était éloigné.

Le rôle des commissions municipales était des plus dangereux, et plus d'une fois celle du Neubourg fut exposée à payer cher les exploits ou les imprudences de nos défenseurs. En voici un exemple. Le 19 janvier, à onze heures du matin, 100 éclaireurs, fantassins et cavaliers, se présentèrent au Neubourg. Le commandant du détachement obligea MM. Lenoble, maire, et Bucaille, adjoint, à monter dans une voiture pour l'accompagner, en qualité d'otages, jusqu'à Beaumont-le-Roger. Il laissa M. Lenoble à l'entrée de la ville et emmena M. Bucaille dans l'intérieur même, où il fit des perquisitions. Ils ne rentrèrent au Neubourg qu'à cinq heures et demie du soir, *à jeun*, et ils eurent alors à pourvoir cette soldatesque de vivres, de vins, de cognac, de champagne même, qu'on porta au champ de foire du prieuré.

Parmi les pillages à fond auxquels ont procédé les soldats allemands, on cite celui du débit d'épiceries de la veuve Dumont. Bris de clôtures extérieures et intérieures, dévastation de toute la maison et surtout de la cave, futailles défoncées, etc., rien ne fut épargné. Sur la plainte du gendre de cette dame, le sieur Ramier, le commandant le menaça de mort, si le fait n'avait pas la gravité dénoncée. Mais à la vue du local ravagé, il fit saisir un des bandits, trop ivre pour se sauver. On croit qu'il fut passé par les armes. La pauvre dame Dumont est morte des suites de l'émotion qu'elle a éprouvée, lors de la mise à sac de sa maison.

Après le cognac et le champagne, rien n'était plus cher à nos Allemands que les promenades en voiture. Aussi abusaient-ils de ces sortes de réquisitions, auxquelles les maires, les adjoints, les commissaires de police étaient tenus d'obtempérer à toute heure, *tout de suite*.

On a conservé au Neubourg le souvenir d'une espèce de médecin militaire qui a gardé une voiture et son conducteur six jours, pour aller, en définitive, s'installer dans une maison de prostitution, à Rouen !

Ce n'était pas assez que de réquisitionner des voitures ; ils enlevaient sans façon celles qui se trouvaient à leur convenance. A la Saussaye, un capitaine de cuirassiers avait remarqué une très-belle calèche appartenant à Mme de Noël. Comme il devait partir le lendemain, il résolut de s'en emparer, et défendit au domestique de la laisser prendre par personne. Mais le maire, averti de son intention, la fit enlever pendant la nuit. Le matin, grand désappointement du capitaine, suivi de colère ; mais il ne lui fallut pas moins partir sans *sa belle voiture*, comme il l'appelait déjà !

OCCUPATION DES COMMUNES SITUÉES ENTRE ELBEUF ET LE NEUBOURG

Toutes les communes qui se trouvent sur la grande route du Neubourg à Elbeuf, ou dans son voisinage, ont plus ou moins souffert de l'occupation. Elles ont eu, en outre, à subir les alternatives pénibles de cette guerre d'escarmouches qui leur amenait, tantôt des mobiles ou des francs-tireurs, tantôt des Prussiens. Les premiers, on doit rendre cette justice aux populations, étaient parfaitement reçus. Mais il fallait bien obéir aux derniers qui, peu satisfaits d'être exposés à recevoir des coups de fusil, ne se montraient pas toujours conciliants.

La commune d'Iville fut assez incommodée de leur voisinage, malgré l'esprit de décision qui caractérisait son administration municipale. Nous venons de raconter comment elle s'était tirée d'un mauvais pas où d'autres auraient pu rester.

Amfreville-la-Campagne eut la bonne fortune d'avoir pour maire M. de Blosseville, qui lui épargna bien des actes arbitraires, et, en particulier, des réquisitions d'argent que rien ne justifiait.

La plus maltraitée des communes de ce rayon fut incontestablement celle de la Saussaye. Son voisinage d'Elbeuf la fit choisir par les Prussiens pour poste d'observation. Ses caves nombreuses et bien fournies étaient encore un appât puissant qui devait, indépendamment des autres causes, les y ramener de préférence. La quantité de bouteilles qu'ils vidèrent et le nombre de volailles qui disparurent, pendant leur séjour, sont fabuleux.

Le 7 janvier, après la défaite de l'armée du général Roy, ils s'y fortifièrent contre une attaque éventuelle. Ils abattirent les chapiteaux des murs de la propriété Dumont, sur une longueur de 200 mètres, dressèrent des échafaudages derrière, et construisirent deux barricades, l'une sur la grande route, l'autre sur le chemin de Bosc-Roger. Tout leur était bon pour cette besogne : fagots, voitures, échelles, fûts vides... Ils voulaient même défoncer ceux qui étaient pleins. Inutile de dire combien un pareil travail leur donna soif et faim. Les 150 hommes qui étaient là ne paraissaient pas susceptibles d'être rassasiés.

A partir de ce moment, les réquisitions marchèrent leur train ordinaire, sans compter celles qui venaient d'Elbeuf et qui s'enchevêtraient, comme toujours, avec les premières. Le maire, M. Enoult, et ses collègues de la commission administrative, parvinrent, non sans peine, à se débarrasser d'une partie de ces exigences. Mais ils ne purent empêcher le pillage de quelques maisons. D'honnêtes Mecklembourgeois, qui ne demandaient rien, volèrent tout ce qui se trouva à leur portée, et firent, dans les caves, des perquisitions qui valurent en moins à leurs propriétaires 1,500 bouteilles de vin.

Tous ces exemples rendaient les gens de la Saussaye fort peu crédules à l'endroit de la bonne foi et de la modération de leurs hôtes. Un jour, cependant, M. Enoult, ayant entendu dire par un sergent que son capitaine habitait le Hanovre, et qu'il avait fait la guerre contre les Prussiens, se promit de tirer le meilleur parti possible de cette confidence, dans l'intérêt de sa commune. Le lendemain, le capitaine, l'ayant fait demander pour une réquisition, ajouta : *Hé ! Mossié, ce que c'est que la guerre, voyez-vous ?* Sur cette exclamation, le maire répondit que lui, le capitaine, devait le savoir mieux que personne, puisque son propre pays avait eu le malheur de succomber avant le nôtre. Il s'enquit de la manière dont on connaissait ce détail, et se prit à pleurer. « Mais, ajoute
« M. Enoult, ce ne furent pas ses pleurs qui l'em-
« pêchèrent de réquisitionner tout ce qui était
« nécessaire à ses hommes. »

Ainsi, pendant toute l'occupation, il fallut se résigner, à la Saussaye comme ailleurs, à voir des Prussiens véritables dans ces Hanovriens, Bavarois, Badois, Mecklembourgeois, etc., qu'on a si justement appelés *des Allemands de pacotille.*

LES PRUSSIENS A PONT-DE-L'ARCHE

Cette petite ville et les communes qui l'avoisinent, le Manoir, Igoville, Martot, Criquebeuf, Alizay, les Damps, Léry, etc., ont beaucoup souffert de l'occupation allemande qui a été permanente depuis le mois de décembre jusqu'à la paix. Les réquisitions de toute nature, les contributions de guerre, les pillages, les sévices contre les personnes s'y renouvelaient tous les jours, et pour ainsi dire à toute heure.

Avant d'entrer dans le détail des souffrances encore inédites des habitants de Pont-de-l'Arche, il est bon de jeter un coup d'œil sur le passé de cette ville, afin de relier les misères récentes à celles d'une époque plus reculée.

Le pays qui s'appela Pont-de-l'Arche a commencé à jouer un rôle important dans les guerres des Normands. C'est à Charles le Chauve qu'il dut son premier pont, d'où il tira son nom, et sa première forteresse. Du reste, toute la partie de la Seine depuis Pont-de-l'Arche jusqu'à Pitres et Poses fut couverte de châteaux et de défenses de toute nature destinés à arrêter les incursions des hommes du Nord. Pont-de-l'Arche ne dut pas moins subir plus d'une fois le joug de ces terribles envahisseurs « qui ne faisaient grâce à aucun malheureux, non pas même à une pauvre servante »! Plus tard, en 1346, les Anglais, qui *ardaient* tout sur leur passage, livrèrent ses faubourgs aux flammes. Mantes, Meulan et beaucoup d'autres villes eurent le même sort. Louviers fut saccagé. Pendant cette cruelle guerre, des calamités inouïes durent fondre sur ces malheureux pays. Et cela dura un siècle! Toutefois, après le traité de Brétigny, Pont-de-l'Arche, redevenu français, eut la bonne fortune de recevoir dans ses murs Bertrand Duguesclin qui y passa son armée en revue, et partit de là pour aller combattre et vaincre à Cocherel (1364).

En 1418, après la prise de Louviers, Henri V attaqua Pont-de-l'Arche et le réduisit bientôt. Ce roi avait la plus haute idée de sa mission conquérante, et s'exprimait à cet égard de manière à rendre jaloux tous les gens du métier :

« C'est la bénédiction de Dieu, disait-il, qui m'a inspiré la pensée de venir en ce royaume pour en châtier les sujets et régner sur eux comme un roi véritable. Toutes les causes pour lesquelles un royaume doit être transféré d'une personne à l'autre et changer de mains, s'y rencontrent à la fois. C'est la volonté de Dieu qui ordonne que cette translation ait lieu et que je prenne possession de la France. Il m'en a été donné le droit..... »

Ne croirait-on pas que ces lignes sont extraites d'un Moniteur prussien quelconque ? Mais poursuivons.

En 1448, Pont-de-l'Arche fut enlevé aux Anglais par les gens de Louviers et d'Évreux, qui s'étaient mis à guerroyer avec fureur. Depuis cette époque, nos querelles intestines, sous Louis XI et sous Henri IV, ramenèrent la guerre dans ces contrées; mais l'étranger n'y reparut plus. (*Essai sur Pont-de-l'Arche*, par M. Léon de Duranville.)

L'année 1870 devait rouvrir l'ère des calamités. Toutefois, Pont-de-l'Arche démantelé n'avait plus à craindre un siége, ni même à espérer l'honneur d'une défense sérieuse. Son pont seul pouvait être un objectif, à cause de sa situation qui commande un grand nombre de routes. Une vieille légende donne à ce pont une origine qui tient du prodige; mais c'en est presque un qu'il ait échappé au sort qui a frappé la plupart de ceux qui se trouvent en aval ou en amont de la Seine. Cependant, il faut bien le dire, ce miracle est dû en grande partie à la prudence et au bon sens des personnes à qui la garde en était confiée au moment de l'occupation, et plus tard au besoin que les Prussiens en eurent pour assurer leurs propres communications.

Dès le mois d'octobre, ce pont fut miné comme les autres par le génie militaire. Mais, dans les premiers jours de décembre, toutes les troupes ayant évacué Pont-de-l'Arche, le soin de veiller sur la mine fut confié aux gardes nationaux.

On agitait depuis longtemps la question de savoir si on la ferait jouer à l'approche de l'ennemi, et quelques radicaux annonçaient le dessein bien arrêté de n'en pas manquer l'occasion. Cependant, la garde nationale réunie aux pompiers ne comptait que 250 hommes, dont la moitié n'étaient ni habillés, ni même armés. La plupart des fusils étaient défectueux, et chaque homme n'avait que trois cartouches à sa disposition. Dans de pareilles conditions, la défense était-elle possible?... Elle devait au moins être bien peu efficace, en présence des moyens dont l'ennemi disposait ordinairement.

Sur ces entrefaites, une dépêche de l'autorité militaire, transmise par le sous-préfet de Louviers au commandant des troupes à Pont-de-l'Arche (5 décembre), se trouva échoir à M. Courcelle, chef de bataillon de la garde nationale, qui était le seul commandant militaire. Cette dépêche, la même qui causa la ruine du pont d'Andé, portait en substance l'ordre de faire sauter celui de Pont-de-l'Arche, afin de protéger la retraite du colonel Thomas, si elle était inquiétée par l'ennemi.

Un pareil ordre prouva, par l'impression qu'il produisit, combien cette mesure était pénible pour la grande majorité des habitants. Ils se figurèrent un moment être au lendemain du 12 juillet 1856, avec cette différence que l'écroulement du vieux pont était l'œuvre du temps et du fleuve, tandis que la ruine du nouveau allait être consommée par leurs propres mains!

Heureusement la dépêche avait une certaine élasticité. Aussi, dès qu'il fut constant que toutes les troupes avaient opéré leur retraite par Louviers, sans que l'ennemi parût aux environs de Pont-de-l'Arche, on résolut d'en suspendre l'exécution.

Rouen venait d'être pris, par conséquent les Prussiens n'étaient éloignés que d'une étape. La destruction du pont, sous les yeux d'un ennemi implacable, pouvait amener, par représailles, le bombardement de la ville. Toutes les routes qui convergent à Pont-de-l'Arche le désignaient fatalement à l'occupation. Un pont de bateaux pouvait être jeté en deux heures, et, d'ailleurs, le pont du chemin de fer, au Manoir, n'ayant pas été détruit, offrait aux Prussiens un passage facile.

Ces considérations, qui se présentaient vaguement à l'esprit de tous, M. Courcelle les développa, avec calme et fermeté, en présence de la commission administrative et des officiers de la garde nationale.

La commission décida à l'unanimité que la destruction du pont serait un sacrifice aussi dangereux qu'inutile, et qu'en veillant, au contraire, à sa conservation, elle ferait acte de patriotisme. En même temps il fut arrêté que Pont-de-l'Arche, ville ouverte et dépourvue de troupes, ne pouvait tenter la moindre défense, et que la garde nationale serait désarmée. Ce qui eut lieu le lendemain. Les armes furent dirigées sur Bernay.

Dans la soirée du 6, un détachement prussien, composé d'une vingtaine d'hommes, s'avança jusqu'à la place Hyacinthe-Langlois. L'officier qui le commandait demanda le maire. M. Morel se présenta aussitôt, avec beaucoup de calme et de résolution. L'officier, après s'être informé s'il se trouvait dans la contrée des troupes régulières, des mobiles, des francs-tireurs, annonça que Rouen était occupé, que le lendemain arriveraient à Pont-de-l'Arche environ 1.000 hommes à loger et nourrir. Il ajouta qu'il avait remarqué que le pont était miné, mais « qu'il fallait bien se garder

« de le faire sauter, sans quoi la ville serait bom-
« bardée et pillée »; que, d'ailleurs, sa destruction serait un sacrifice inutile, puisque les ponts de Rouen et d'Elbeuf existaient, et qu'il ne faudrait pas plus de quatre ou cinq heures pour en établir un en face Pont-de-l'Arche.

Après cette apparition, un frémissement courut dans la foule, et il s'éleva un murmure confus. Les plus exaltés poussaient à la destruction du pont. Mais, grâce à quelques hommes énergiques, ce mouvement n'eut aucune suite.

Le lendemain mercredi, 7 décembre, vers trois heures de l'après-midi, une colonne, forte de 4,000 hommes environ, sous les ordres du général Strubberg, vint de Rouen pour s'installer à Pont-de-l'Arche. Comme il était impossible de loger tout ce monde, trois bataillons allèrent s'établir, l'un à Alizay, l'autre à Criquebeuf et le troisième aux Damps. Cette dernière commune, de 300 habitants, ne pouvait se faire à l'idée que cette masse d'hommes et de chevaux qui s'avançait le long de la Seine allait s'abattre sur elle. Bientôt, néanmoins, le doute ne fut plus possible; car la tête de la colonne fit halte devant la mairie. Le commandant, sans descendre de cheval, demanda le maire, comme d'habitude. M. Charpentier-Grandin, qui était présent, s'avança, et il s'établit entre eux le dialogue suivant :

Le commandant. — Nous devons stationner ici.

Le maire. — Mais c'est impossible; car tous vos hommes ne sauraient y trouver ni logement, ni nourriture.

Le commandant. — Il nous faut 500 kilogrammes de viande.

Le maire. — Mais nous n'avons pas de bouchers.

Le commandant. — Vous avez des vaches et nous avons des bouchers. Donnez-nous deux vaches.

Il nous faut, en outre, 500 kilogrammes de pain.

Le maire. — Mais nous n'avons pas de boulangers. Les habitants s'approvisionnent à Pont-de-l'Arche, et, cette ville étant elle-même occupée, ils ne trouveront rien.

Le commandant. — C'est bon. Vous avez de la farine, cela nous suffira, nous avons des boulangers.

Le maire. — Mais nous n'avons pas de farine.

Le commandant. — C'est bon. Tout cela se trouvera, et, si ça ne se trouve pas, mes hommes chercheront. Il nous faut aussi 100 bottes de foin et 12 litres d'avoine par cheval. Nous en avons 43.

Le maire. — Mais.....

Le commandant. — C'est bien.

Le vocabulaire des réquisitions était à peine épuisé que presque tous les hommes étaient casés : 100 dans une maison, 30 ou 40 dans une autre, et chez les plus pauvres 10, 12, 15.

M. Charpentier-Grandin, qui n'avait pas prévu qu'il aurait cent convives affamés à traiter, et qui ne pouvait les satisfaire sur l'heure, vit sa maison presque pillée et sa cave vidée en un instant. Cela se passait en sa présence, sous les yeux des officiers, qui laissaient faire. Les soldats enlevaient jusqu'aux rideaux de laine de la salle à manger, et les déchiraient par bandes pour se faire des cache-nez !

Pendant ce temps, les réquisitions pleuvaient ; les habitants, ahuris et manquant de tout, accouraient se plaindre. C'était un tableau navrant. La même chose à peu près se produisit à Alizay.

Pont-de-l'Arche fut moins maltraité, comparativement, parce qu'il offrait plus de ressources.

Mais les débits de tabac, les cafés, les magasins d'épiceries et de nouveautés furent, comme partout, mis à contribution. On ordonna de présenter les chevaux : un seul fut jugé digne d'être monté par un Prussien. Les autres furent réquisitionnés pour servir d'attelage à d'ignobles voitures chargées, pour la plupart, d'objets volés et en particulier de pendules. Plusieurs hommes du pays, ayant accompagné leurs chevaux, dans l'espoir de les ramener, endurèrent pendant huit jours, outre la rigueur du froid, les mauvais traitements de l'ennemi. Quelques-uns se trouvèrent même, dans les environs de Beaumont-le-Roger, exposés aux balles des francs-tireurs. Mais cette diversion causa, parmi les Prussiens, une confusion telle, qu'elle leur procura l'occasion de s'enfuir avec leurs chevaux et de rentrer à Pont-de-l'Arche.

Le 9 décembre, vers deux heures du matin, les habitants furent réveillés par des coups redoublés aux portes et aux fenêtres. C'étaient 500 Prussiens du train des équipages, avec 80 chevaux et 40 voitures. Ils s'installèrent de vive force dans les maisons.

Il ne se passait pas de jour sans qu'on vît arriver de nouvelles troupes. Le 18, 2 compagnies d'infanterie et un détachement de cavalerie allèrent occuper les maisons Artus et Tassel qui se trouvent au bout du pont, à l'endroit qu'on nomme le Fort. Là, ils se mirent à construire une redoute crénelée. Aussitôt, les arbres qui bordaient la route, près du canal, furent abattus; des grosses pierres, des bateaux enlevés aux pauvres pêcheurs, des planches, etc., furent apportés et servirent à faire, en moins de deux heures, trois barricades. En avant de la première, vers la ville, la chaussée fut obstruée par des fils de fer entrelacés qui ne permirent pas d'y circuler. Un poste fut établi à l'entrée du pont, avec des factionnaires de distance en distance, pour empêcher toute espèce de communication.

A partir de ce moment, les exigences de ces hôtes redoutables devenant de plus en plus grandes, la commission municipale se tint en permanence, pour ainsi dire, de nuit comme de jour. Elle avait, en outre, à satisfaire aux réclamations et aux besoins d'une nombreuse population ouvrière qui se trouvait sans travail, sans pain, sans bois. Le samedi de chaque semaine, plus de 150 ouvriers des ateliers de charité venaient toucher à la mairie leur modique salaire. Souvent ils se rencontraient avec des soldats prussiens qui venaient, eux, pour leurs réquisitions.

Plus d'une fois, les conseillers de service furent obligés de cacher *sous des journaux*, à l'arrivée des Prussiens, les quelques pièces de monnaie qu'ils destinaient aux ouvriers.

Indépendamment des faisances de chaque jour, qui étaient régulièrement touchées par la petite garnison du Fort, il y avait les troupes de passage et les réquisitions imprévues, en nature, ou même en argent. Un jour, dans la fin de décembre, le commandant exigea une somme ronde de 10,000 francs. Voici ce qui avait donné lieu à cette nouvelle exigence. Des soldats, à force de fouiller la maison Tassel, découvrirent un panier d'argenterie, et l'apportèrent à la mairie de Pont-de-l'Arche. Comment?.... Mais oui, et, qui plus est, ils l'y laissèrent.... Vous ne comprenez pas?.... Non.... Patience.... Le même jour, le commandant fait appeler le maire au Fort et le prévient que, le lendemain, la ville devra fournir une contribution de 10,000 francs!.... Comprenez-vous, maintenant?... Pour cacher de l'argent, il faut en avoir, et quand on en a, c'est pour les Prussiens !

Deux membres de la commission municipale, MM. Romain et de la Potterie, furent désignés pour aller trouver ce commandant si honnête et si logique. Devant leur déclaration formelle que la ville était dans l'impossibilité de fournir cette somme, et qu'elle était d'ailleurs résignée à tout endurer, il voulut bien arranger la chose pour... devinez.... *un petit baril de cognac* !

Là se place un épisode qui n'est pas sans intérêt. Le 25 décembre, le maire et l'adjoint de Saint-Cyr-du-Vaudreuil, MM. Manchon et Prévost, furent arrêtés et conduits à Pont-de-l'Arche. Voici dans quelles circonstances. Deux mobiles en armes avaient trouvé le moyen de passer la nuit à Louviers. Après quelques libations, ils apprennent qu'une patrouille prussienne vient de quitter cette ville pour regagner Pont-de-l'Arche, d'où elle était partie le matin. Ils la poursuivent et la rattrapent à Sainte-Marguerite; puis ils se mettent en embuscade et font feu. Les Allemands ripostent au hasard et prennent la fuite. Les mobiles en font autant. Personne ne fut atteint ni de part ni d'autre. Mais, peu de temps après, la patrouille, remise de son alerte, vint fouiller les habitations voisines du lieu de l'attaque, menaça les personnes qui s'y trouvaient de les fusiller et de mettre le feu à leurs maisons.

Le soir même, une troupe d'environ 40 soldats, y compris une douzaine de cavaliers, vinrent arrêter le maire et l'adjoint et les emmenèrent à Pont-de-l'Arche, comme garantie du versement d'une somme de 2,000 fr. qu'ils réclamaient à la commune de Saint-Cyr-du-Vaudreuil. Les prisonniers firent, bien entendu, la route à pied, au milieu des soldats qui chantaient à plein gosier. A Pont-de-l'Arche, les habitants peu rassurés éteignaient les lumières sur leur passage. Arrivés au château de Mme de Montalent, et mis en présence du commandant prussien, ils eurent beau protester de leur innocence et de celle des habitants de Saint-Cyr, on leur répondit qu'il fallait un exemple et qu'ils eussent à s'exécuter.

Cependant des personnes de Saint-Cyr, et en particulier M. Pinchon, s'occupaient de recueillir la somme réclamée. Comme ils n'avaient pu réussir, ils firent une tentative à Pont-de-l'Arche, pour obtenir la délivrance des captifs. On les éconduisit brutalement, en les traitant de *bavards*, d'*avocats*, et on leur intima l'ordre de verser, le lendemain, non plus 2,000 fr., mais 3,000, faute de quoi le village serait incendié et les otages fusillés. Il fallut donc trouver de l'argent. Or, tout le monde, à cette malheureuse époque, cachait argent, linge, blé, tout ce qui pouvait, en un mot, tenter la rapacité de l'ennemi. On ne put réunir qu'à grand'peine la rançon réclamée. MM. Pinchon, Hue et Billerey se chargèrent de la porter. Ils eurent la bonne idée de n'offrir que 1,000 fr., affirmant que, vu la misère actuelle, ils n'avaient pu trouver davantage. Cette feinte réussit, et les otages furent mis en liberté.

C'était pour la deuxième fois que M. Manchon avait sérieusement affaire aux Prussiens. La première, à propos d'une réquisition de voitures, un officier avait annoncé qu'il le ferait *fouetter* s'il ne s'exécutait pas à l'heure dite !

Le système des enlèvements et des amendes pour la moindre peccadille, souvent supposée, était partout mis en pratique. A Igoville, le 12 janvier, MM. Foucher, maire, et Moreau, adjoint, furent arrêtés et retenus prisonniers, sous le prétexte qu'un soldat prussien avait été insulté, à quatre heures du matin, par un habitant de la commune dont il dévalisait la basse-cour. Ils ne furent relâchés qu'en payant une amende de 1,250 fr.

Mais revenons aux gens de Pont-de-l'Arche.

La marche en avant des troupes du général Roy

avait mis la garnison sur le qui-vive. Dans les derniers jours de décembre et dans les premiers de janvier, Pont-de-l'Arche fut bloqué de la manière la plus étroite. Personne ne pouvait y entrer ni en sortir. On ne sonnait plus les cloches ; les maisons étaient fermées par ordre, et, dès cinq heures du soir, la circulation était interdite dans les rues, sous peine de mort.

Les patrouilles, composées de lourds fantassins, parcouraient seules les divers quartiers de la ville. Les 3 et 4 janvier, des dispositions furent prises pour organiser la défense, en cas d'attaque. Les maisons de MM. Mesnil, Romain, Duthuit furent choisies comme postes avancés, et des compagnies entières, se tenant prêtes à faire le coup de feu, s'installèrent dans tous les appartements.

Un instant, les habitants de Pont-de-l'Arche eurent l'espoir de voir apparaître les troupes françaises. On crut entendre, dans les échos de la forêt, les tambours battre la charge ! C'était une illusion. Car, dès quatre heures du soir, on apprit que nos mobiles étaient en pleine retraite.

Par surcroît de maux, la ville faillit manquer de pain. Le pont étant intercepté, elle ne recevait plus de farines de la rive droite. Elle s'était entendue avec le sieur Béranger de Léry pour ses approvisionnements. Celui-ci s'étant rendu à Pont-de-l'Arche fut arrêté, consigné dans la ville et menacé de mort, s'il essayait d'en sortir. Pendant ce temps, les farines n'arrivaient pas, et les boulangers en avaient à peine pour cuire le pain de la journée.

C'est aussi dans cet intervalle qu'un sieur Hédouin, pris de boisson et contrarié de ne pouvoir passer sur le pont, commit l'imprudence d'invectiver et même de menacer la sentinelle. Mal lui en prit, car il reçut un coup de feu dont il mourut le lendemain.

On a conservé le souvenir, dans la vallée de la Seine, d'un officier du nom de Lauberlat, désigné communément sous le sobriquet de *l'homme aux lunettes*. Il dirigeait avec bonheur le pillage partout où il se trouvait. A Pont-de-l'Arche, il était la terreur des cafetiers et des épiciers. Un jour, pour une réquisition de pain qu'on ne pouvait lui fournir sur l'heure, il fit charger les armes sur la place Langlois, et parut prêt à tirer sur le maire et les personnes qui l'accompagnaient. C'est lui qui exigea du maire et de l'adjoint d'Igoville une rançon de 1,250 fr. Il pilla le château de M. Simon, et fit enlever les pendules, les meubles et les tableaux de prix. Ainsi traita-t-il bon nombre d'autres maisons. Il inspirait une telle frayeur qu'on n'osait porter plainte contre lui. Cependant, ses déprédations et celles de quelques soldats ayant été dénoncées, il fut mis aux arrêts, et les soldats, d'abord fustigés à coups de cordes, furent attachés à des arbres pendant vingt-quatre heures. Exemple trop rare, dont on n'abusait pas pour le plaisir des vaincus !

C'est au milieu de ces tribulations que se passèrent les mois de janvier et de février. La population ouvrière était devenue de plus en plus malheureuse et créait à l'administration municipale les plus pénibles embarras. La fin de février fut signalée par des réquisitions fabuleuses, venant d'Evreux, de Louviers, de partout. On ne savait à qui verser, et l'on devait fouiller dans bien des poches pour réunir une petite partie seulement de ce qui était demandé. Pour surcroît de maux, les passages de troupes étaient permanents. Il fallait nourrir tout à la fois et les soldats et les pauvres gens chez lesquels on était contraint de les loger.

On apprit l'armistice avec bonheur, et c'est avec plus de bonheur encore qu'on vit partir, le 11 mars, le dernier détachement prussien.

La commission administrative tout entière avait bien fait son devoir. Mais le maire, M. Morel, fut particulièrement en butte aux tracasseries des Prussiens. Insulté grossièrement, à différentes reprises, il faillit un jour (12 décembre) être assassiné chez lui par un sous-officier ivre qui refusait de se coucher. Déjà ce soudard appuyait son revolver contre la poitrine de M. Morel, lorsqu'à l'appel de ce dernier, des soldats intervinrent et le dégagèrent.

Le secrétaire de la mairie, M. Hellouin, fut aussi maltraité, en plusieurs circonstances, et même retenu prisonnier.

Ce n'était pas seulement les brutalités des soldats qu'il fallait essuyer. D'autres humiliations étaient, à tout moment, réservées à nos malheureux administrateurs. Ainsi, à Pont-de-l'Arche, on leur faisait faire antichambre des heures entières chez le commandant du Fort. Un jour, une colonne s'arrête à la porte de M. Legrand, maire de Criquebeuf, commune voisine. Sur la demande de l'officier, il se présente dans le négligé que comporte la campagne, en sabots, et répond aux questions d'usage sur les francs-tireurs, les mobiles, etc. Ce n'est pas tout : l'officier lui intime de l'accompagner jusqu'aux limites de la commune, et ne lui accorde pas même la permission de changer de chaussures. Obligé de se tenir à la tête du cheval, comme un captif, il voulut s'arrêter au point convenu; mais il fallut marcher, marcher toujours jusqu'à Elbeuf. Il profita d'une halte pour s'esquiver, non sans regarder souvent derrière lui.

La liste des vexations de ce genre serait inépuisable.

Au moment de l'évacuation, Pont-de-l'Arche et les communes environnantes, principalement Igoville, Alizay, le Manoir, étaient à bout de ressources, et rien ne peut peindre la fatigue et l'abattement moral des populations. Ceux qui possédaient ne se sentaient plus rien qui n'appartînt, avant tout, à l'ennemi; ceux qui étaient dans le dénûment ne pouvaient plus compter sur la charité des autres. Aussi, le maire d'une de ces communes, après avoir énuméré les maux dont souffraient ses administrés, écrivait-il :

« Par ce qui précède, vous pouvez juger de la triste situation de ma commune. La mienne en particulier est encore plus mauvaise : toutes les tracasseries que j'éprouve abrégeront ma vie. »

Combien d'administrateurs, pendant cette triste époque, ont dû dire ou penser la même chose !

ÉPILOGUE

LES GARDES MOBILES

Nous allons détourner un instant les yeux du triste spectacle que nous donne l'occupation, pour les reporter vers nos défenseurs qui n'avaient pu nous sauver, mais qui continuaient de disputer le terrain à l'ennemi sur la limite extrême du département. C'est l'épilogue à la défense nationale dans nos contrées. Nous aurons à enregistrer des efforts dignes d'éloges, quelques succès, mais, hélas! en fin de compte, la défaite, toujours la défaite.

Néanmoins, c'était pour nous une bien grande consolation de savoir qu'on se battait à quelques lieues de là, et que peut-être un retour de la fortune allait nous ramener nos pauvres mobiles victorieux. Nous les avons laissés au moment où un ordre général de retraite les ramenait en arrière, sur Conches, Serquigny, Bernay. C'était dans les premiers jours de décembre. Pendant leurs bivouacs prolongés dans la forêt de Bizy, ils avaient déjà beaucoup souffert de l'intempérie de la saison; mais, dès l'arrivée à Conches, le froid étant devenu excessif, le mal prit des proportions considérables. Il faut surtout en attribuer la cause à l'insuffisance de l'équipement qui consistait, comme au début de la campagne, en une simple vareuse bien légère et un pantalon d'une qualité plus que douteuse. Quant aux chaussures, le mieux est de n'en pas parler. Enfin, à force d'instances auprès du gouvernement de Tours, on réussit à obtenir de précieuses capotes de la ligne qui rendirent à nos mobiles les plus grands services.

La garnison de Conches se composa un moment de 3 bataillons de l'Eure, de l'Ardèche, d'un bataillon de la Loire-Inférieure, de plusieurs compagnies de corps francs, le tout pouvant former un effectif de 7 à 8,000 hommes. Malgré ces forces, relativement imposantes, la défense de cette ville fut abandonnée.

Le 9 décembre, la retraite s'opéra sur Bernay, où tout le personnel administratif du département de l'Eure s'était réfugié. Nos soldats ont conservé le souvenir de la cordiale hospitalité qu'ils reçurent dans cette petite ville, qui devait, deux mois plus tard, tenir désespérément tête à l'ennemi.

Beaumont, Goupillières, Nassandres étaient occupés par les Prussiens; Serquigny allait l'être (13 décembre). Nos mobiles et nos francs-tireurs les forcèrent à se retirer. Le 24 décembre, un ordre de se porter en avant fut accueilli avec la plus vive satisfaction. Les Prussiens, qui s'étaient barricadés dans le Bourgtheroulde, l'évacuèrent précipitamment et se retirèrent dans la forêt de la

Londe. A cette époque, le général Roy prit le commandement en chef de la petite armée qui se donnait pour mission de les déloger entièrement de la rive gauche de la Seine. Ce n'était pas chose aisée.

Depuis Pont-de-l'Arche jusqu'à la Bouille, ils avaient établi en quelque sorte une ligne de fortifications, qui, jointe aux obstacles naturels que présentaient les bois et les hauteurs, devait rendre une attaque extrêmement périlleuse.

Cependant, les 27, 28 et 29 décembre, l'armée française, forte de 8,000 hommes environ, prit position à proximité de la forêt de la Londe. Les soldats ne doutaient pas qu'ils ne dussent coopérer à la délivrance de Rouen. Déjà le bruit se répandait parmi eux que l'armée du Havre et l'armée du Nord allaient, de concert avec la leur, exécuter un mouvement d'ensemble qui aurait pour résultat final d'envelopper dans Rouen tous les corps allemands. On annonçait presque officiellement que de puissants renforts en infanterie, cavalerie, artillerie, allaient arriver incessamment. Ceux qui étaient mieux renseignés savaient, à n'en pas douter, que rien n'était moins certain que cette coopération des trois armées. Quant aux renforts, il n'était guère possible d'y compter, surtout pour franchir les premiers obstacles, si redoutables qu'ils fussent.

Quoi qu'il en soit, le général Roy donna l'ordre de tout préparer pour l'attaque de la forêt de la Londe, qu'il fixa au 30 décembre. Cette forêt ferme l'entrée de la presqu'île que dessine la boucle de la Seine, au fond de laquelle est assise la ville de Rouen. Il fallait d'abord en déloger les Prussiens, et, après ce premier succès, les refouler depuis Grand-Couronne jusqu'à Saint-Sever.

Le 30, l'engagement fut général, et il suffit de cette journée pour chasser les Prussiens de la forêt de la Londe, d'Orival, de la Maison-Brûlée, et du château de Robert-le-Diable. Ils abandonnèrent même Elbeuf, dont ils avaient eu soin de faire sauter les ponts (21 décembre), et se retirèrent à Grand-Couronne. Malheureusement, le 3ᵉ bataillon de l'Eure, descendu dans Moulineaux, s'avança au-delà des dernières maisons de ce village. Pendant ce temps, les Prussiens détachèrent de Grand-Couronne une batterie d'artillerie, l'établirent à mi-côte vers le bois et firent pleuvoir sur nos mobiles une grêle d'obus qui leur causa des pertes sensibles. C'est là que le lieutenant Conrad de Champigny reçut une blessure mortelle.

A quatre heures du soir, l'action était terminée, et nos troupes étaient maîtresses de toutes les positions qu'elles avaient attaquées. Elles passèrent la nuit dans la forêt de la Londe, depuis la Maison-Brûlée jusqu'à Orival.

Le lendemain, les Prussiens, qui appréciaient l'importance du Château-Robert, l'attaquèrent par surprise et en délogèrent les mobiles des Landes, après un vif engagement. Mais le général Roy fit avancer 2 compagnies du 2ᵉ bataillon de l'Eure et 2 compagnies de l'Ardèche. Ces troupes enlevèrent de nouveau cette position à la baïonnette. Le soir même, le général Roy télégraphiait la dépêche suivante :

« Les Prussiens ont attaqué ce matin les positions que nous leur avions prises hier. 300 Prussiens avaient entouré le château de Robert-le-Diable, qui domine Moulineaux et la Maison-Brûlée, et qui était occupé par 100 hommes. Ils avaient repris cette position, après un combat acharné, lorsque j'ai pu envoyer des secours suffisants pour les en déloger une seconde fois.

« Je signale encore une fois la déloyauté des Prussiens dont un officier est venu se rendre, offrant son sabre détaché à un capitaine de mobiles ; quand le capitaine eut donné l'ordre de ne pas tirer, les Prussiens ont fait feu à bout portant sur la compagnie à laquelle ils se rendaient..... »

Ces deux journées coûtèrent aux Français 6 hommes tués et 50 à 60 blessés (rapports officiels). Les pertes de l'ennemi, repoussé sur tous les points, furent beaucoup plus considérables.

Cependant, quelque prompts et quelque glorieux que fussent les résultats obtenus par nos troupes, leur situation n'était pas exempte de périls. Lancées en avant, sans base d'opérations solide et sans réserves, disséminées sur une ligne trop étendue, elles couraient risque d'être cernées. En effet, les Prussiens, qui avaient fortifié Grand-Couronne, trouvaient dans cette place un excellent point d'appui. Qui les empêchait de faire déboucher, sur la droite, par Pont-de-l'Arche, et sur la gauche, par un pont de bateaux, des forces considérables et d'emprisonner notre petite armée dans cette même presqu'île où elle venait de les rejeter ? D'un autre côté, le petit nombre de nos mobiles ne leur permettait de prendre aucun repos. Ils étaient obligés de coucher sur leurs positions, sans tentes, par un froid de 10 à 12 degrés, dans une neige épaisse. Bref, les hommes étaient exténués par la fatigue et par les privations de toute nature.

Notre immobilité qui résultait de notre impuissance réelle, et du défaut absolu de concours des forces du Havre et du Nord, sur lesquelles on avait eu le tort de compter, permit aux Prussiens de concentrer des troupes à Rouen le 2 et le 3 janvier. Dans la nuit du 3 au 4, le général de Manteuffel expédia sur le Château-Robert des forces qu'on évalue à 15 ou 20,000 hommes, avec de la cavalerie, et 20 ou 30 pièces de canon.

A ce moment, nos soldats se trouvaient groupés sur des points beaucoup trop distants les uns des autres. Château-Robert, Bourgtheroulde et Orival forment une sorte de triangle allongé dont les côtés ont au moins 6 à 8 kilomètres d'étendue. Il était donc presque impossible qu'ils se secourussent mutuellement, en cas d'attaque.

Voici, du reste, quelle était, le jour même de la bataille du 4, la répartition de nos forces :

Château-Robert. — 1er et 2e bataillons de l'Ardèche.
3e bataillon des Landes.
Plusieurs compagnies de francs-tireurs (Puy-de-Dôme et Calvados).
24 chasseurs à cheval.
Une batterie de pièces de montagne.
Deux canons anglais de 7.
En tout 3,200 hommes, sous le commandement du colonel Thomas.

Bourgtheroulde. — 1ᵉʳ et 3ᵉ bataillons de l'Eure.
Deux compagnies de francs-tireurs.
30 ou 40 chasseurs.
En tout 4,500 hommes, sous le commandement du général Roy.

Orival. — 2ᵉ bataillon de l'Eure.
3ᵉ bataillon de l'Ardèche.
1ᵉʳ bataillon de la Loire-Inférieure.
Plusieurs compagnies de francs-tireurs, et en particulier celle de Louviers.
Quatre pièces de montagne.
Deux canons anglais de 7.
En tout 3,000 hommes, sous le commandement du chef de bataillon de Montgolfier.

Total général : 7,700 hommes.

Dans cette situation, nous devions être écrasés. Heureusement pour nos jeunes troupes que l'audace même de leur entreprise les sauva d'un désastre complet, en inspirant à l'ennemi la conviction que derrière elles et à proximité se tenaient des réserves sérieuses.

Le 4, à cinq heures du matin, nos soldats de garde au Château-Robert, épuisés par la fatigue et morfondus par le froid, dorment autour de leurs feux. Tout à coup la fusillade les réveille en sursaut. Mais déjà les Allemands sont au milieu d'eux et frappent sans pitié ceux qui ne se rendent pas assez vite. Dans l'obscurité, on entend les profondes colonnes qui gravissent les hauteurs de tous les côtés à la fois.

Remis bientôt de leur surprise, les mobiles se défendent vigoureusement et font payer cher à l'ennemi son audace; mais ils sont obligés de lâcher pied et de se replier sur la Maison-Brûlée, laissant un grand nombre de morts et de prisonniers. Cette seconde étape de la retraite est marquée par une lutte beaucoup plus opiniâtre. Les forces qui s'y trouvent, averties par la fusillade, ont eu le temps de se préparer à la résistance. Une colonne ennemie qui s'avance, sur quatre hommes de front, au milieu de la route, est reçue, à quatre-vingts pas, par une décharge de 2 pièces de 12. L'effet en est prodigieux. Malgré les balles qui pleuvent de tous côtés, les artilleurs (du Morbihan) qui servent ces deux pièces les rechargent à mitraille et font feu à quarante pas. Une d'elles reste au pouvoir de l'ennemi qui paye cher sa capture.

La résistance fut si vive que les Prussiens qui, comme on vient de le voir, étaient au Château-Robert dès cinq heures du matin, n'arrivèrent en vue du Bourgtheroulde que vers dix heures et demie. Là, malgré l'impossibilité bien démontrée de continuer la lutte, la défense avait été organisée de manière à protéger la retraite qui allait s'effectuer sur Brionne.

Dans ce but, le général Roy envoya quatre compagnies garder les abords de la forêt, sur la route d'Elbeuf, puis trois autres en avant de Bourgtheroulde, sur la route de la Bouille. La 7e compagnie du 1er bataillon de l'Eure, sous les ordres du commandant Guillaume lui-même, devait former réserve et garder la route de Bourg-Achard.

Les Prussiens ne tardèrent pas à sortir des bois,

en poussant leurs hourras habituels. Bientôt ils arrivèrent en vue de la ville par trois points à la fois. Le feu s'engage. Le capitaine Pascal, des francs-tireurs de Caen, est tué. Le capitaine Sainte-Foix est blessé et fait prisonnier. Puis une forte colonne, débouchant entre le Bourgtheroulde et les quatre compagnies placées sur la route d'Elbeuf, se dérobe à la faveur d'un chemin creux et d'une briqueterie et fusille, de flanc et de front, ces compagnies. Forcées de lâcher pied et de s'abriter derrière les murs et les maisons, elles n'en continuent pas moins de faire le coup de feu. Le brouillard est si intense qu'on ne se voit pas à quarante mètres et qu'on se tue à bout portant. Les balles pleuvent sur la ville, et les cris sinistres des Prussiens redoublent.

Il est évident qu'il faut songer à la retraite ; le commandant Guillaume est chargé de la protéger.

Il se retire derrière l'église avec une poignée d'hommes parmi lesquels se trouvent les capitaines de Rostolan, de la Brière, et le sous-lieutenant Guibert. Ces braves tiennent tête aux Prussiens qui débouchent de tous les côtés à la fois et, devant cette résistance acharnée, se prennent à hésiter. C'est là que tombent, pour ne plus se relever, les gardes Renon et Brière. « Ledoigt a le genou emporté, mais il recharge et tire encore deux fois, puis s'étend sur ses camarades frappés avant lui. »

Le commandant Guillaume, resté à cheval, est admirable d'héroïsme et de sang-froid. Il rectifie le tir de ses mobiles, et, par la manière dont donne ses ordres, fait croire à l'ennemi qu'il est à la tête de tout un bataillon. Cependant la petite troupe va être cernée ; elle n'a plus, pour se sauver, qu'une ruelle étroite coupée par un sentier qui est déjà au pouvoir des Prussiens. Elle se retire : trois hommes forment l'avant-garde, six autres, à l'arrière-garde, marchent à reculons, prêts à recevoir l'ennemi s'il s'engage à leur suite. A mi-chemin, ils essuient une décharge, ripostent et vont se précipiter à la baïonnette sur les assaillants qui prennent la fuite. Ils purent ainsi gagner la route de Brionne et rejoindre leurs compagnies qui devaient à leur résistance héroïque de n'avoir pas été inquiétées dans leur retraite. (Voir *Souvenirs d'un mobile du Vexin*.)

Il était environ une heure après midi, lorsque le feu cessa complétement. Château-Robert et Bourgtheroulde avaient succombé ; Orival seul tenait encore. Attaqués dès cinq heures du matin, les mobiles qui défendaient ce dernier point avaient réussi à s'y maintenir toute la journée. Mais le commandant de Montgolfier comprit combien sa position était critique, et eut la bonne fortune de pouvoir se retirer, au milieu de la nuit, sans perdre autre chose que quelques voitures de bagages.

Ainsi, l'armée était sauvée ; mais elle ne dut son salut qu'à son courage et à l'intensité du brouillard qui ne permit pas à l'ennemi de se rendre compte de sa faiblesse numérique, ni de lancer sa cavalerie à la poursuite des fuyards. Cette affaire coûta aux Prussiens environ 1,400 hommes et à nous 700 à 800 tués ou prisonniers. Malheureusement, l'effet en fut immense, et le rideau qui couvrait encore la basse Normandie se trouva tout à coup déchiré.

Le reste de la campagne ne fut plus qu'une série de reculades, de marches et de contre-marches où le soldat n'entendait rien et les chefs pas davantage.

Les souffrances des hommes s'accrurent de cet état de choses. Dans la crainte des surprises, on leur défendait de faire du feu aux grand'gardes où ils couchaient dans la neige, une nuit sur deux. Les distributions de vivres se faisaient avec si peu de régularité, que la faim même (chose incroyable au milieu du plus riche pays) ne leur fut pas étrangère !

Vers le milieu de janvier, nos mobiles passèrent dans la division du général Saussier et firent ainsi partie du 19e corps de la deuxième armée de la Loire. Ils atteignirent l'armistice de la paix en battant tout le pays entre Lisieux, Mézidon, Caen et Vire.

Le désarmement eut lieu dans la fin de mars.

LES FRANCS - TIREURS

Les francs-tireurs de Louviers, que nous avons perdus de vue à Serquigny, suivirent la fortune de l'armée de l'Eure. Le 21 décembre, quatre compagnies des mobiles de la Loire-Inférieure prirent position aux environs du Neubourg, dans la direction d'Elbeuf. Le capitaine Golvin fut chargé d'opérer concurremment avec elles. Les Prussiens, au nombre de 150 environ, se présentent vers onze heures du matin ; les mobiles tirent hors portée et se replient. Aussitôt les Prussiens quittent la route pour se déployer dans la plaine d'Iville. Le capitaine Golvin, qui les attendait dans une embuscade, se voit forcé d'en sortir et se porte au-devant d'eux avec 40 hommes ; 40 autres, sous la conduite de Duchemin, le rejoignent bientôt, et, malgré une fusillade des mieux nourries, ils parviennent à 300 mètres de l'ennemi. Abrités derrière une rangée de pommiers, ils font feu à leur tour et, au bout de dix minutes, mettent l'ennemi en déroute.

Dans les derniers jours de décembre, nos francs-tireurs furent placés sous les ordres du commandant des mobilisés d'Elbeuf, M. Goujon. Ils firent avec la petite armée du général Roy la campagne, heureuse d'abord, qui aboutit aux défaites de Château-Robert, Bourgtheroulde et Orival.

Le 30 et le 31 furent deux journées glorieuses pour la compagnie. Je ne puis mieux faire que de copier le journal rédigé par M. Golvin :

« Le commandant Goujon arriva le 29, et le soir il me donnait l'ordre suivant :

« Demain matin, vous vous porterez avec votre compagnie sur le pavillon d'Orival ; il est occupé par l'ennemi qui doit avoir également des postes au rond-point. Tâchez de vous établir au pavillon ; une heure après votre départ, je me mettrai en marche avec la colonne pour vous rejoindre.

« *Le commandant,*
« Goujon. »

« Le 30 décembre je me dirigeai sur le pavillon d'Orival. En arrivant au rond-point (n'y avait pas de poste ennemi), je déploie en tirailleurs, de chaque côté de la grande allée, une partie de la compagnie qui devait attaquer de front les deux côtés du pavillon ; je laisse 10 hommes sur la route d'Elbeuf, pour surveiller ce point en cas de surprise. Je me porte avec le reste de la compagnie dans la direction des hauteurs dominant la route de Couronne, au-dessous d'Orival, près du chemin principal, situé à environ 1,000 mètres du pavillon, et qui fait communiquer cette route avec le rond-point. Le mouvement s'effectue sous bois. Tout à coup une violente décharge se fait entendre sur ma droite, puis une fusillade bien nourrie des deux côtés. Je crus à l'attaque du pavillon ; mais c'était un poste placé à l'intersection de plusieurs sentiers dont le principal y conduisait ; les sentinelles s'étaient repliées et venaient de faire feu sur la fraction de ma compagnie qui tournait le pavillon, en prévision d'une attaque de ce côté.

« La ligne des postes ennemis est trouée au centre. Les Prussiens se précipitent, pour gagner Orival, sur la pente rapide et presque impraticable du rocher ; mais, suivis de près par la section du Neubourg qui tire à bout portant, ils perdent une cinquantaine des leurs.

« Nous avons un homme tué, Buée (Alfred), du Neubourg, et un autre disparu. La compagnie est magnifique d'entrain. Le lieutenant Duchemin, les sergents Bucaille, du Neubourg, Hamel et Taubin se distinguent. Bientôt la fusillade s'étend sur toute la ligne ; tous les postes prussiens sont mis en déroute et refoulés au-delà du pont d'Orival. Nous sommes maîtres des hauteurs, mais le feu continue des deux côtés.

« L'ennemi qui a de l'infanterie, de la cavalerie et de l'artillerie à Saint-Aubin, à environ 2 kilomètres de nous, se met en marche, au bruit de la fusillade ; mais, forcé de passer sur la route que nous dominons, il y laisse un grand nombre des siens. Enfin, il parvient, non sans peine, à établir 4 pièces à environ 1,200 mètres du pavillon. Il ne peut tirer sur nous, nous sommes embusqués.

« La colonne qui, d'après l'ordre de M. Goujon, devait appuyer notre mouvement, n'était pas arrivée à onze heures du matin. Cependant la faible distance qui nous séparait permettait d'entendre distinctement la fusillade. Ne voyant pas venir le secours attendu, je dirigeai tous mes efforts vers le pont d'Orival que les Prussiens avaient tenté plusieurs fois de faire sauter, et, si je n'ai pu arrêter les travaux, j'ai eu du moins la satisfaction de les avoir interrompus jusqu'à l'arrivée des mobilisés, à une heure et demie.

« Ce jour-là donc la compagnie des francs-tireurs de Louviers occupa seule, de sept heures du matin à une heure et demie du soir, après en avoir délogé l'ennemi, le pavillon et les hauteurs dominant Orival. Je rendis compte au commandant Goujon de ce qui venait de se passer, et je lui montrai les pièces ennemies en batterie parfaitement découvertes. Une heure s'écoule en pourparlers. Le bruit des marteaux prussiens redouble d'intensité; leurs artilleurs se croisent les bras et nous regardent. Ils ne voulaient pas tirer, mais ils voulaient qu'on leur laissât le temps de faire sauter le pont. Cette hésitation, ce retard étonnèrent quelques officiers; ils vinrent entourer le commandant dans une chambre du pavillon. Je me permis de lui faire une demande à laquelle il répondit :

« Je viens de recevoir une dépêche de M. le maire d'Elbeuf ; les Prussiens l'ont averti que, si l'on tirait un seul coup de fusil sur eux, ils bombarderaient la ville! »

« Je vais envoyer un rapport au général, pour lui faire savoir que j'occupe la position qu'il m'a désignée, et attendre ses ordres. »

« Et, en effet, il se mit à dicter un rapport. Mais n'entendez-vous pas, lui dis-je, qu'une partie de ma compagnie est encore engagée ? « Ha ! répliqua-t-il, s'ils nous forcent la main..... nous verrons. » La fusillade continue, le pont se mine, se mine toujours. Nous voyons passer des chariots contenant probablement la poudre pour charger la mine ; c'est du moins l'avis général.

« Enfin, les troupes massées dans la grande allée se dispersent. Les chefs de compagnie font coucher leurs hommes, celui-ci dans un fossé, celui-là derrière un arbre. Le commandant ordonne de tirer : un coup de canon part. Les Prussiens ripostent avec deux petites pièces dont l'une est bientôt démontée. Ils se sauvent. Au bruit du canon succède un morne silence.

« Nous nous promenons en arrière de nos pièces avec le commandant Goujon qui reçoit une balle morte dans la jambe. Le médecin le panse, il disparaît. Tout à coup retentit une formidable détonation bientôt suivie d'une autre, mêlée de cris de joie. Le pont d'Orival venait de s'abattre..... Nous retournons, tristes, passer la nuit à la Londe. Le commandement de la colonne est confié au commandant du 3ᵉ bataillon des mobiles de l'Ardèche, M. de Montgolfier.

« Le lendemain, 31 décembre, je reçois l'ordre de retourner au pavillon et d'envoyer en avant cinquante hommes ; j'en confie le commandement au lieutenant Duchemin, qui a pour mission d'occuper un plateau situé à gauche du pavillon et dominant Orival et le pont. Les Prussiens étaient restés en assez grand nombre pour protéger leurs travailleurs qui enlevaient le matériel ayant servi à miner le pont. Un engagement a lieu dans lequel Duchemin est tué et l'éclaireur Dage blessé au pied. Les Prussiens tirent sur les hommes descendus *sans armes* pour enlever le cadavre. L'ambulance descend, à son tour, munie de ses insignes ; l'ennemi laisse charger le brancard et, quand le convoi se met en marche, il fait feu dessus. A la nuit seulement, notre chef d'ambulance, M. Lemercier, parvint à l'enlever, non sans courir des dangers sérieux. »

Jusqu'au 3 janvier, il ne se passa rien d'important. Ce jour, à huit heures du matin, une compagnie prussienne d'environ 200 hommes s'approcha de la barricade du pont d'Oissel. Le capitaine Golvin avait été prévenu de son arrivée ; il eut bientôt groupé 100 hommes le long de la ligne du chemin de fer, très-élevée en cet endroit, ce qui permettait de voir sans être vu, et garantissait parfaitement contre les balles.

L'ennemi envoie d'abord un homme regarder sur la barricade dont les sentinelles s'étaient cachées. Convaincu que la position n'est plus occupée, il s'avance en colonne, sur deux de front, à vingt pas de la barricade, de sorte que la moitié de cette compagnie se présente parfaitement à découvert, tandis que l'autre moitié reste engagée dans la rue du Hameau-des-Graviers.

A la première décharge, les Prussiens s'embusquent dans les maisons et soutiennent le feu pendant trois quarts d'heure. En même temps ils ramassent leurs morts et leurs blessés. Mais, comme la compagnie se trouvait réunie tout entière, la fusillade devint tellement intense qu'ils durent s'enfuir, laissant deux morts et un blessé.

Il est superflu de dire que les hommes, qui n'avaient pas couché depuis quatre jours, étaient accablés de fatigue, et que les maladies commençaient à sévir parmi eux. Ils demandaient du repos, quand tout à coup les Prussiens reprirent vigoureusement l'offensive sur tous les points.

Le 4, l'ordre de la retraite fut donné. Elle s'effectua sur Grostheil, puis sur Brionne. C'est là que la compagnie, qui n'avait cessé de murmurer pendant la route contre cette marche rétrograde, apprit la défaite de l'armée.

La lutte des derniers jours de l'année n'avait coûté que deux hommes à nos francs-tireurs; mais, de ces deux hommes, l'un était malheureusement le lieutenant Duchemin, ancien soldat de Crimée et d'Italie. Il joignait à une grande bravoure une ponctualité remarquable dans l'exécution d'un ordre. Marié et père de deux enfants, son patriotisme seul l'avait décidé à reprendre du service. On peut dire qu'il ne fut pas remplacé. La nouvelle de sa mort causa la plus pénible émotion dans la ville de Louviers, et, malgré les malheurs du temps et les charges de l'occupation, une somme de plus de **2,800** fr. fut spontanément souscrite au profit de sa veuve et de ses enfants.

L'éclaireur Buée, du Neubourg, était aussi un bon soldat et un excellent citoyen.

Tout le monde fit son devoir pendant ces rudes journées ; mais on ne doit pas oublier le chef de l'ambulance, M. Lemercier, avocat à Louviers. Ce n'est que par miracle qu'il échappa aux balles prussiennes, lorsqu'il voulut enlever le corps de Duchemin, tombé au bas du talus du chemin de fer. Déjà M. Lemercier avait donné des preuves de son dévouement. Dans le Vexin, il avait contribué à éteindre l'incendie du château de M. de Corny, sous les obus prussiens ; à Bernay, lors de l'attentat commis contre le général de Guillermy (17 décembre), il fut un de ceux qui aidèrent, non sans péril, à le transporter à la sous-préfecture.

Mais revenons à nos francs-tireurs que nous avons laissés à Brionne et qui partirent, le 5 janvier, pour Montfort. Au Bec-Hellouin, on leur refusa des billets de logement. Exténués de fatigue, de faim, de froid, il les attendirent pendant plus d'une heure, silencieux, couchés sur la terre gelée et couverte de neige, au milieu de la place publique ! Ils n'en obtinrent qu'à force d'instances et même de menaces.

Le dernier engagement eut lieu à Brestot (canton de Montfort). La compagnie avait reçu, le 13 janvier, l'ordre de se porter le lendemain dans cette direction avec deux compagnies de mobilisés. On tomba bientôt sur les avant-postes ennemis. La fusillade s'engagea sur un espace de près d'un kilomètre. Les Prussiens, voyant les leurs tomber, se crurent très-sérieusement attaqués, firent avancer plusieurs pièces et commencèrent une canonnade assez nourrie. Aux premiers coups, les mobilisés, restés à l'entrée de la forêt, s'enfuirent dans toutes les directions. La compagnie, n'étant pas soutenue, dut se replier sur Montfort.

A partir de ce moment, toutes les forces qui étaient passées sous le commandement du général Saussier effectuèrent leur retraite sur Lisieux (16 janvier), puis sur Mézidon (19) et, en dernier lieu, sur Falaise (20). C'est en pivotant autour de cette ville, dans un rayon parfois très-étendu, que la compagnie atteignit l'armistice, signifié le 30 janvier, et enfin le désarmement qui eut lieu à Vire le 6 mars. Cette période de six semaines ne fut pas la moins pénible, en raison des ordres et contre-ordres qui fatiguaient inutilement les hommes en multipliant les étapes.

Le 7 mars, nos francs-tireurs rentrèrent à Louviers. Ceux qui les virent alors ne purent se défendre d'une émotion bien naturelle. Car, depuis l'occupation, aucun uniforme français n'avait paru dans la ville. Il faut avoir subi le joug de l'étranger pour se rendre compte de ces sentiments.

Le sous-préfet leur adressa une proclamation dans laquelle il rappelait leurs services, les luttes disproportionnées qu'ils avaient eu à soutenir, leurs fatigues, leurs privations, et enfin la perte d'un certain nombre d'entre eux, particulièrement celle du brave Duchemin. Plus tard, le général Roy, dans une lettre écrite au capitaine Golvin, rendait pleinement hommage à la belle conduite de sa compagnie. La ville de Louviers n'a donc point à regretter d'avoir fourni cet élément à la défense nationale. Elle peut même s'en glorifier.

Les reproches adressés aux francs-tireurs, vrais sous quelques rapports, ont trop fait oublier les circonstances fâcheuses au milieu desquelles ils se trouvaient. On avait négligé de les rattacher à des forces régulières, pendant toute la première partie de la campagne, c'est-à-dire, dans nos contrées, jusqu'au mois de décembre 1870. Les corps qui présentaient un certain ensemble (et le nombre en était fort restreint pendant toute cette période) refusaient même souvent d'accepter leur coopération. En même temps, les autorités administratives les envoyaient sur les points visités ou menacés par l'ennemi. Ils se trouvaient donc contraints de prendre part à la lutte dans les conditions les plus défavorables, c'est-à-dire isolément et à leurs risques et périls.

Les populations des petites villes et des campagnes furent souvent victimes de ce défaut absolu de tactique, et elles accusèrent les francs-tireurs des représailles de l'ennemi. On se rappelle encore un avis affiché à Beaumont-le-Roger, ainsi conçu :

« Le maire et la commission municipale prient instamment les francs-tireurs du dehors d'éviter tout acte d'hostilité dans l'intérieur de la ville, pour ne pas compromettre de nouveau la vie des habitants et ne pas attirer sur leur malheureuse cité de nouvelles et terribles représailles

» 14 décembre 1870. »

C'était à la suite du pillage du 10, accompagné de violences et d'incendie. Cet avis, si l'on avait consulté les pays exposés aux visites des Prussiens, aurait été affiché partout. Partout on craint le meurtre, l'incendie, le pillage. C'est naturel. Mais ce qui n'est pas moins naturel, c'est que l'on dispute pied à pied le sol à l'envahisseur; qu'on l'inquiète, qu'on le harcèle, qu'on le ruine en détail. Or, il y aura toujours, dans le rayon de vos embuscades, des villes, des villages, des hameaux ou des fermes isolées, sur lesquels un ennemi sans pitié vengera ses pertes ou ses échecs partiels.

Lorsque le général Briant reprit Etrépagny, il avait une petite armée; il était donc dans une situation aussi régulière que possible. Cela n'empêcha pas les Saxons d'y mettre le feu, de sang-froid, le lendemain de leur défaite, sous le prétexte que la population les avait trahis.

Dira-t-on que l'expédition était mal conçue et qu'on devait, après avoir pris la place, la conserver? Certes, c'eût été pour le mieux. Mais, à la guerre, plus qu'ailleurs, il faut faire la part de l'imprévu, et il n'est pas rare de voir échouer des combinaisons pleines de promesses.

Les francs-tireurs, non plus, ne peuvent être responsables, au moins dans un très-grand nombre de cas, des suites de leurs périlleuses expéditions. Leur mission était de battre le pays, non en espions, mais en soldats qui se servent de leurs armes quand ils en trouvent l'occasion.

Ce sont les Prussiens qui doivent porter, moralement, la peine des atroces représailles qu'ils exercèrent contre des populations innocentes. Ils affectaient de s'acharner après les francs-tireurs auxquels ils refusaient la qualité de belligérants. Mais, dans la pratique, peu leur importait d'où venait la résistance. N'ont-ils pas canonné Mantes, Vernon, Pacy, Évreux, pour ainsi dire sans aucun motif que leur bon plaisir?

Le 31 décembre, un mois après les combats de Bizy et de Blaru, ne frappèrent-ils pas sur la ville de Vernon une contribution de 20,000 fr., payable dans les vingt-quatre heures, « à cause de la conduite hostile de ses habitants envers les troupes allemandes, en prêtant secours aux francs-tireurs, en servant d'espions en faveur de ces derniers ; de plus, parce que la garde nationale, après s'être désarmée la veille, a tiré des coups de fusil sur nos cavaliers » (texte de l'ordre de versement)?

Ne menacèrent-ils pas Elbeuf d'un bombardement, si les troupes qui occupaient les hauteurs d'Orival cherchaient à les empêcher de faire sauter le pont?.....

Je ne cite que des exemples que nous avons eu sous les yeux; mais l'histoire de cette guerre en fourmille. Bref, nos implacables ennemis étaient arrivés à ce point d'aveugle surexcitation qu'ils nous déniaient le droit de nous défendre et imputaient à crime toute espèce de résistance, de quelque part qu'elle vînt.

LES MOBILISÉS

Nous avons laissé nos mobilisés à Briquebec où ils séjournèrent un mois. Le 21 janvier, toute la brigade dut se masser dans les lignes de défense de la mer, de Port-Bail à Saint-Sauveur-de-Pierrepont. Le 4ᵉ bataillon retourna dans les baraquements du camp d'Yon, où il resta jusqu'au désarmement, qui eut lieu à Carentan, le 8 mars.

C'est sur ce terrain que les mobilisés de l'Eure, au nombre de 5,000, attendaient l'ennemi. Des défenses importantes, à l'établissement desquelles ils avaient coopéré, étaient protégées par des batteries de marine au nombre de 13, représentant 90 bouches à feu de fort calibre. La plupart se chargeaient par la culasse, et toutes étaient servies par des marins. Une autre batterie se construisait qui devait recevoir 30 pièces de montagne.

Certes, de pareils préparatifs auraient donné fort affaire aux Prussiens. Mais ne peut-on pas se demander pourquoi tant de canons et de canonniers se trouvaient croupir dans ce coin, tandis que, chez nous, les troupes en lutte avec l'ennemi depuis cinq mois en avaient presque constamment manqué ?

Enfin, ce n'était pas la faute de nos mobilisés. Il ne tint pas à eux non plus qu'ils ne prissent part à la guerre proprement dite. Mais ils n'endurèrent pas moins beaucoup de fatigues et de souffrances de toute sorte. Privés d'hôpitaux et même de chirurgiens, ils contractèrent des maladies graves, la fièvre typhoïde, la petite vérole, etc. Plus de soixante furent atteints à la fois. Quinze succombèrent. Parmi ces derniers, se trouva malheureusement le capitaine adjudant-major Saint-Etienne, qui emporta les regrets de tous ses compagnons d'armes. Quant aux rhumes, bronchites, etc., le nombre en était si considérable qu'on avait quelquefois de la peine à trouver, sur une compagnie entière, vingt-cinq hommes absolument valides !

QUELQUES SINGULARITÉS DE LA CAMPAGNE

Il n'est pas sans intérêt de s'arrêter sur quelques singularités qui marquèrent la fin de la campagne, à partir de l'évacuation par nos troupes du département de l'Eure. Les ordres de service se multipliaient et contenaient des prescriptions telles que les suivantes :

« Il est nécessaire de compléter les cartouches à tout le monde et d'exercer la plus grande surveillance pour qu'elles ne soient gaspillées en aucune manière.....

« Tout officier qui sera absent de son poste plus de vingt-quatre heures devra être déféré à la cour martiale.

« Général SAUSSIER.

« 18 janvier. »

« Le général recommande aux chefs de brigade d'employer tous les moyens pour faire rentrer et maintenir les hommes du Calvados dans leurs compagnies. Parmi ces moyens, passe en première ligne celui de refuser la solde à tout homme absent le jour du prêt.....

« Général Saussier.

« 25 janvier. »

« Le colonel commandant la 2ᵉ brigade s'est aperçu que, malgré les défenses réitérées de la division et de la brigade, beaucoup d'hommes, même des officiers, se livrent à l'exercice de la chasse ; quelques-uns ont poussé l'imprudence jusqu'à venir chasser aux abords du château d'Assy, presque sous les fenêtres du colonel. Le colonel croit devoir rappeler aux divers corps de troupes composant sa brigade qu'en sus des peines disciplinaires, les délinquants seront déférés à la justice civile et passibles des peines correctionnelles.

« de Goujon.

« 20 février. »

Il paraît que toutes ces prescriptions étaient malheureusement provoquées par des actes nombreux d'indiscipline. La recommandation relative au gaspillage des cartouches ne produisit pas beaucoup d'effet. On a vu des soldats de toutes catégories tirer sur des arbres, sur des pierres et même sur des vaches. On chassait communément, et même beaucoup d'officiers ne se faisaient pas scrupule de manger le gibier tué par leurs hommes.

A Falaise, le jour du carnaval, des mobiles se déguisèrent et formèrent une cavalcade, que les habitants, auxquels s'étaient joints des francs-tireurs, firent rentrer à coups de pierre et à coups de poing.

Dans les derniers jours de l'armistice, la débandade fut à son comble. On rencontrait communément des mobilisés voyageant par groupes, sans sac et sans fusil, et posant à tout venant cette question devenue légendaire :

« Avez-vous vu mon bataillon ? »

Des compagnies entières disparaissaient, et des ordres du jour en prescrivaient la recherche.

Les mobiles de l'Eure n'allèrent pas aussi loin dans leurs écarts. Cependant, lors du licenciement, le général Roy, étant allé à Versailles appuyer des propositions de récompenses qui avaient été faites pour sa brigade, s'engagea à servir avec ses troupes contre la Commune. Dans une première proclamation, le général disait à ses hommes :

« Braves mobiles ! vous allez retourner dans vos foyers, revoir vos mères, vos femmes, vos enfants... portez la tête haute, etc..... »

Ces paroles avaient donné à tous l'impatience du départ. Aussi, lorsqu'à son retour de Versailles, il fit une seconde proclamation en sens inverse, détruisant toutes les espérances de la première, il fut accueilli par des huées.

Il se passa alors des scènes regrettables d'indiscipline. On vit tout un bataillon de mobiles, commandé par un simple caporal, se rendre à Caen, sur la place d'armes, se désarmer soi-même et presque insulter le général venu pour rétablir le bon ordre. Il faut dire que la surexcitation de ces hommes tenait en grande partie à ce qu'un grand nombre de leurs camarades avaient été désarmés et étaient déjà partis dans leurs foyers.

La morale de tous ces faits, c'est que cette armée, quoiqu'elle renfermât de bons éléments, aurait pu difficilement reprendre la campagne, si la paix n'avait suivi l'armistice.

MOBILISATION DE LA GENDARMERIE

La gendarmerie de l'arrondissement de Louviers a pris la part la plus honorable aux opérations militaires. Mobilisées et dirigées sur Vernon, dans les premiers jours d'octobre, toutes les brigades, sous les ordres du capitaine Riffard, ont fait le service d'éclaireurs sur la rive gauche de la Seine. Les derniers postes, placés à Andé, Pont-de-l'Arche et Louviers, ne se sont repliés que dans le commencement de décembre.

Le capitaine Riffard, le maréchal des logis Eswein et six autres gendarmes, furent dirigés, le 23 novembre, sur l'armée de la Loire, et rattachés au 21° corps. Parmi ces derniers, se trouvaient Aubert et Calibre qui furent faits prisonniers à Meung, le 6 décembre, et conduits à Dresde. Un autre gendarme, le brigadier Delord, qui s'était, dès le début de la guerre, engagé à l'armée du Rhin, fut pris à Sedan et interné à Ulm. Enfermés dans des casemates froides et humides, très-peu nourris, employés à des travaux de terrassements, ces militaires ont gardé le plus triste souvenir des rigueurs dont ils ont été l'objet de la part des soldats prussiens qui ne cherchaient qu'à provoquer des rébellions.

Le capitaine Riffard, qui commandait le 4e escadron du 2e régiment de gendarmerie de marche, partit du Mans le 5 janvier et fit la malheureuse campagne de l'Est, sous les ordres du général Bourbaki. Pendant la retraite, les hommes souffrirent beaucoup du feu de l'ennemi qui les harcelait continuellement et ne laissait pas que de leur infliger quelques pertes. Le froid d'ailleurs était excessif ; les chemins, couverts en certains endroits de deux pieds de neige, offraient les plus grandes difficultés pour la marche. Les chevaux privés de nourriture étaient affaiblis à ce point que les artilleurs étaient forcés de s'atteler à leurs pièces pour les traîner.

Beaucoup d'hommes, exténués de fatigue et de privations, se couchaient dans les fossés, et, saisis par le froid, ne se relevaient plus. Au sortir de Pontarlier, évacué sous les yeux de l'ennemi, nos gendarmes, avec les troupes, gagnèrent le fort de Joux, après avoir essuyé un feu vif et continu pendant 8 kilomètres (31 janvier). Le 1er février, ils pénétrèrent en Suisse par Verrières. Le 4e escadron obtint de l'autorité militaire suisse de garder ses armes et ses chevaux, et fut dirigé sur le canton de Zurich.

La rentrée en France n'eut lieu que dans la seconde moitié du mois de mars.

L'ARMISTICE

A la date de l'armistice, tout le département de l'Eure était occupé. La ligne de démarcation établie par la convention du 28 janvier partait de Pont-l'Évêque, passait près de Lisieux, Orbec, et traversait tout le département de l'Orne. Dans la Seine-Inférieure, le Havre et sa zone étaient seuls exceptés.

La conquête était un fait consommé. Restait à régulariser le mécanisme de l'administration. En conséquence, un préfet prussien, von Porembski, capitaine de uhlans, s'installa à Évreux. C'était un homme de haute taille, dont les traits *avachis*, selon l'expression d'un maire, dénotaient l'abus de tous les plaisirs. Peu de jours après son installation (7 février), le département de l'Eure fut rattaché au gouvernement général du Nord de la France, confié au lieutenant général de Fabrice.

Tous ces préparatifs promettaient une spoliation en règle qui ne se fit pas attendre. Elle était d'ailleurs admirablement appuyée par les mesures militaires les plus énergiques que les chefs de corps ou de détachements venaient de mettre à l'ordre du jour, à peu près partout.

La plus complète des proclamations de ce genre est celle qui émanait de la plume du grand duc de Mecklembourg, Frédéric-François, et qui fut affichée dans la plupart des communes (fin janvier). Le département de l'Eure est placé sous la juridiction militaire. Tout ce qui peut causer un dommage ou un préjudice quelconque aux troupes allemandes, ou aux personnes leur appartenant ou faisant partie de leur suite, y est prévu et puni *de mort*.

Un autre ordre du jour du même grand duc, daté de Broglie, enjoignait aux habitants de remettre à la ville principale de leur arrondissement toutes les armes à feu dont ils seraient encore détenteurs, sous peine pour le contrevenant d'être fusillé, et pour la commune de payer par chaque arme une amende de 1,000 fr. Un mois plus tard, à la veille de l'évacuation, un général déclarait encore que l'on fusillerait l'habitant le plus proche de l'endroit où un attentat aurait été commis contre un soldat prussien. Bien plus, on fusillerait autant d'habitants qu'il y aurait de soldats blessés. Le maire, le *curé* et les autres notables étaient rendus responsables.

De pareils avertissements devaient procurer un calme suffisant pour permettre de traiter avec méthode la question financière dans tous ses développements, subsistances, impôts directs et indirects, contributions de guerre, droits de poste, etc.

Pendant la guerre, les Allemands, pour se procurer ce dont ils avaient besoin, avaient recours tantôt aux réquisitions opérées régulièrement, tantôt au pillage. Ils usaient fréquemment de ce dernier moyen, surtout dans les campagnes, sans autre motif que le caprice du moment et l'appât du vol.

En général, on obtempérait à leurs réquisitions, trop facilement peut-être, par crainte des violences dont ils ne manquaient pas de menacer les récalcitrants. Quelques maires cependant se risquèrent à essayer de la résistance, dans une certaine limite. Le maire de Houlbec près le Grostheil, M. Lepic, fut de ce nombre.

Le 24 janvier, un détachement de 400 à 500 Prussiens parut à Houlbec, et l'officier commandant réquisitionna : 3,000 francs, argent, quatre sacs d'avoine, 300 kilogrammes de farine, deux vaches, deux voitures. Il était huit heures du soir, et il fallait tout cela pour cinq heures et demie du matin, faute de quoi, il signifia à M. Lepic que sa maison *serait brûlée*. Une commune de 200 habitants ne présente pas de grandes ressources. A l'heure dite, le maire se trouva au rendez-vous, au château de Houlbec, avec deux voitures et deux vaches seulement. A cette vue, les soldats saisirent M. Lepic, le brutalisèrent, et finalement le retinrent prisonnier. Quelques-uns se rendirent à sa maison, en firent sortir à coups de plat de sabre son fils et son domestique et menacèrent d'y mettre le feu.

Emmené à Rouen, à la suite des soldats, à pied

et en sabots, couchant au poste, menacé d'être conduit en Prusse s'il ne fournissait pas les réquisitions demandées, M. Lepic tint bon. Le lendemain, il continua de marcher, toujours à pied et en sabots. Arrivé près de Deville, il déclara qu'il n'irait pas plus loin, à moins qu'on ne lui donnât une place dans une voiture. On le somma de nouveau de s'exécuter, et, sur sa réponse négative, on le laissa aller. Il revint à Rouen, eut la bonne fortune de rencontrer ses gens qui apportaient l'avoine réquisitionnée, la fit cacher, au lieu de la remettre aux Prussiens, et de cette manière la commune en fut quitte pour deux vaches seulement.

Mais cet exemple n'était pas facile à imiter dans toutes les circonstances, comme le prouvent les anecdotes suivantes.

Dans les premiers jours de février, la commune d'Alizay fut inondée de fourgons, de chevaux et de charretiers, les plus misérables et les plus crasseux du monde. Chez M. Clovis Milliard, un domestique, nommé Féret, jeune garçon de dix-sept ans, les voyant occupés à vider les greniers, voulut les arrêter. Il est bon de dire que M. Milliard avait à loger près de 80 chevaux, et qu'il lui restait à peine assez de fourrages pour les empêcher de mourir de faim. Le jeune domestique, rudement malmené pour son ingérance intempestive, bousculé, pressé de toutes parts, saisit une houe qui se trouvait à sa portée, et en asséna sur la tête d'un de ses agresseurs un coup malheureux qui fit jaillir le sang, bien que la blessure fût sans gravité. En un clin d'œil, les charretiers se ruent sur lui, le garrottent et demandent sa mort à grands cris. Quelques personnes influentes de la commune, s'étant rendues auprès du commandant, lui racontèrent ce qui s'était passé et sollicitèrent sa grâce. Le commandant se montra d'abord inflexible, sous le prétexte qu'il n'avait qu'une autorité restreinte sur les charretiers qui étaient des hommes gagés, et que d'ailleurs un exemple de sévérité lui paraissait nécessaire. Enfin, après bien des instances, la peine de mort fut commuée en une amende de 1,000 fr. Mais il fallut aux charretiers une satisfaction corporelle. Le malheureux Féret fut livré, pendant un quart d'heure, à la brutalité de ces bourreaux qui, armés de gros bâtons, l'en frappèrent à coups redoublés. Grâce à sa robuste constitution, il put guérir de ses blessures. Quant à l'amende, M. Milliard ne versa que 100 fr. au chef des voituriers.

A peu près à la même époque, le sieur Edmond Henri, charretier à Iville, eut l'idée assez malencontreuse de cacher une partie de l'avoine que des soldats prussiens venaient de réquisitionner chez son maître. Pris sur le fait, il fut roué de coups de pied et de coups de poing, fustigé et attaché dans l'intérieur du corps de garde, où il resta jusqu'au moment de leur départ qui n'eut lieu que le lendemain. On le trouva dans un état affreux, les membres roidis par le froid et gonflés par les liens qui les serraient étroitement, les yeux presque sortis de leurs orbites. C'est un miracle qu'il soit revenu à la vie.

Le 25 février, M. Duvaltier, maire de la Vacherie, s'opposa, avec beaucoup de résolution, à l'enlèvement d'une réquisition d'avoine opérée sans ordre écrit chez les habitants. Une altercation s'ensuivit, dans laquelle il fut frappé de plusieurs coups de sabre qui, heureusement, ne firent que déchirer ses vêtements. Cette attitude courageuse lui valut, auprès de l'état-major prussien, une mention qui n'avait rien de rassurant pour sa sécurité à venir. Deux jours après, une nouvelle visite, dont le but avoué était la recherche du maire, lui aurait sans doute été fatale, s'il ne se fût trouvé absent.

Pour s'éviter une besogne trop compliquée, les Prussiens se contentaient, dans une foule de cas, d'envoyer, par simple estafette, une sommation à telle ou telle commune d'avoir à fournir, à jour et à heure fixes, les objets qui y étaient désignés. Bien entendu que le défaut d'exactitude entraînait la contrainte par force militaire.

Mais de toutes les inventions, la plus ingénieuse fut celle qui consistait à charger les *maires des capitales des cantons*, à titre d'auxiliaires, de s'entendre avec leurs collègues des communes rurales et de centraliser toutes les réquisitions ou impositions possibles. Cette importance accordée aux maires des chefs-lieux de canton n'était pas de nature à flatter leur amour-propre. Mais il leur fallut accepter ce nouveau calice, et l'on ne vit, pendant près d'un mois, qu'allées et venues au chef-lieu des pauvres administrateurs des communes rurales, qui remportaient invariablement la carte à payer.

Les Prussiens se seraient aussi bien servis des préfets et sous-préfets, s'ils les avaient eus à leur dévotion. On sait que M. Vernet, conseiller de préfecture, faisant fonctions de préfet de l'Eure, fut arrêté et conduit à Rouen, devant le grand-duc de Mecklembourg, pour avoir refusé de prêter les mains à l'exécution d'une réquisition énorme frappant le département tout entier (26 janvier). On y voyait figurer, entre autres singularités, 100,000 cigares d'officiers, et un million de cigares de soldats !

Cette même réquisition, un peu modifiée, fut répartie par le préfet Porembski, puis convertie, pour beaucoup de communes, en une contribution en argent, qui ne fut généralement pas payée. En même temps, l'intendance du 13º corps établi à Louviers, qui était très-active et qui tenait à approvisionner convenablement les magasins qu'elle venait d'installer dans cette ville, libellait une réquisition de 50,000 kilogrammes d'avoine, 14,000 kilogrammes de foin, 14,000 kilogrammes de paille. Elle portait :

« La ville de Louviers, ainsi que toutes les communes appartenantes à l'arrondissement, sont forcées de fournir la quantité ci-dessus, le plus promptement, sur l'*avis de la mairie de Louviers.*

« En cas que les ordres ne seront pas exécutés et la quantité *n'est* pas complétement fournie, les communes payeront une amende *très-haute* fixée par l'autorité allemande..... »

M. Fontaine, sous-préfet, s'émut de la situation qui était faite aux maires des chefs-lieux de canton, et crut devoir écrire la lettre suivante au maire de Louviers :

« 27 janvier 1871.

« Monsieur le Maire,

« Vous m'avez fait l'honneur de m'informer que le commandant des troupes allemandes, occupant la ville, vous a remis un état de réquisition sur l'arrondissement de Louviers, en vous chargeant de le faire exécuter dans toutes les communes.

« Je dois vous faire observer qu'il n'est pas dans vos attributions d'envoyer des instructions de cette nature à vos collègues, et que vous ne pouvez accepter cette mission. Je vous invite donc formellement à ne pas obéir aux injonctions de l'autorité allemande. »

Le maire de Louviers, pour dégager sa responsabilité, communiqua cette lettre à l'intendance qui répondit :

« Louviers, 27 janvier 1871.

« Nous apprenons que M. le sous-préfet s'oppose à ce que vous exécutiez les ordres de réquisition que nous vous avons remis le 27 janvier ; je persiste dans ces ordres, et la commune de Louviers ainsi que les autres communes seront responsables, s'ils ne sont pas exécutés.

« Kumrow.   Rittinghausen. »

Pendant ce débat, survint l'armistice. M. Fontaine se crut beaucoup plus fort, et, en portant la convention du 28 janvier à la connaissance des maires, il ajoutait :

« En conséquence de cet armistice, les troupes allemandes occupant l'arrondissement ne peuvent frapper aucune réquisition en nature ou en argent.

« Je vous invite donc à opposer un refus catégorique à toute demande de ce genre qui vous sera faite.

« 1er février 1871. »

En écrivant cette circulaire, il s'inspirait des principes du droit et de l'équité naturelle. Mais cela importait peu. Le 6 février, à dix heures du matin, il fut arrêté et conduit à Rouen. Les Allemands mettaient beaucoup de vanité dans ces sortes de démonstrations. L'escorte était brillante et caracolait fièrement. Ce n'était pas le premier grief qu'ils avaient contre M. Fontaine. J'ai raconté comment ils avaient découvert un fil télégraphique qui nous reliait à Évreux. L'appareil était installé à la sous-préfecture, et il fonctionna du 3 au 15 janvier 1871. Ce jour-là, une reconnaissance prussienne, qui eut vent de la chose, fit une perquisition bruyante dans tous les appartements de l'hôtel, brisa le fil, et mit tout sens dessus dessous. Ces frénétiques ayant trouvé dans les greniers un fusil à silex, sans chien, couvert d'une rouille séculaire, poussèrent des cris sauvages et le qualifièrent de *Chassepot !* Ils entrèrent ensuite dans la chambre du sous-préfet, et se saisirent d'un revolver qu'il n'avait pas eu le temps de cacher. Le chef de l'escouade ne fit fusiller personne ; mais il dressa un rapport qui, d'après ses airs de tête, devait entraîner des conséquences fort graves.

Le 6 février, il était à croire que tout ce vieux

compte allait être soldé, et que M. Fontaine n'en serait pas quitte à bon marché. Arrivé à Rouen, il dut passer par toutes les rues, s'arrêter à tous les postes importants, aller, revenir, toujours au petit pas des chevaux. Enfin, à sept heures du soir, on le déposa à l'hôtel Fromentin, rue Jeanne-d'Arc, où il resta prisonnier sur parole.

Le lendemain, la matinée se passa sans nouvelles des Prussiens. M. Fontaine, inquiet, ennuyé surtout, ne sachant à qui s'adresser, s'avisa d'aller trouver le maire de Rouen, auquel il fit part de sa situation. Ce fonctionnaire l'engagea à demander une audience au général commandant. Bien lui prit de suivre ce conseil.

Le général le reçut, ne sachant pas le moins du monde de quoi il s'agissait. Lorsqu'il fut au courant de l'affaire, et qu'il eut jeté un coup d'œil sur les pièces qui avaient amené le conflit, il n'insista pas autrement, et donna l'ordre de mise en liberté. M. Fontaine revint à Louviers le surlendemain du jour de son arrestation, persuadé que s'il eût attendu le bon plaisir de ses hôtes, il fût resté indéfiniment leur prisonnier, sans qu'il sût trop pourquoi, ni eux non plus.

Les exigences des Kumrow et des Rittinghausen de tout ordre continuèrent d'aller leur train.

Cette avalanche de réquisitions n'empêcha pas la perception des impôts directs et indirects, à partir du 1er janvier 1871. Le décret du gouverneur général de Fabrice fut publié et mis à exécution, dans la première quinzaine de février. Les impôts indirects étaient fixés à cent pour cent des impôts directs. Les maires des chefs-lieux de canton, bien entendu, étaient chargés du recouvrement. L'article 6 édictait des peines sévères :

« Les communes qui resteront en retard auront à payer une amende de 5 pour 100 de la somme due par la commune, pour chaque jour de retard. Si le versement a été retardé au-delà de huit jours, il sera mis des troupes dans les communes retardataires, qui auront l'obligation de les loger et de les nourrir sans aucune indemnité, et de payer en outre journellement 6 fr. à chaque officier, et 2 fr. à chaque soldat, jusqu'à ce que les sommes dues soient acquittées. Le commandant des troupes sera autorisé d'employer tous les moyens qu'il jugera convenables pour faire exécuter les arrêts du gouvernement général. »

Mais là ne devaient pas encore se borner nos infortunes financières. Tout à coup, nous apprîmes qu'une contribution de guerre de 15 millions était imposée au département de l'Eure, c'est-à-dire une taxe de 50 fr. par tête pour les habitants des villes, et de 25 fr. pour les habitants des campagnes. C'était fabuleux. On n'y pouvait croire. Cependant il fallut bien prendre la chose au sérieux.

Nous étions à peine débarrassés des ignobles fourgons du 13e corps, de ses chevaux étiques, de sa vermine et de son intendance, qu'une garnison de 4,500 hommes, venant de Rouen, s'installait à Louviers, avec promesse de l'occuper un mois. Le colonel de Légat, qui commandait la place, prit son logement dans l'hôtel de la sous-préfecture, et ne laissa au sous-préfet que son cabinet et sa chambre. Puis il se mit à l'œuvre. Sa mission était de percevoir la fraction de l'impôt de 15 millions qui incombait à l'arrondissement, quelque chose comme 1,800,000 fr. Il allait vite en besogne. Dès le 16, toutes ses estafettes avaient porté dans chaque commune la sommation suivante :

« Par ordre du général en chef de la première armée allemande, il faut une contribution de guerre, partagée aux diverses communes. Par suite, la commune de ... reçoit l'ordre de payer la somme de .... Il faut présenter cette somme jusqu'au 19 février, à midi, à la préfecture de Louviers, à peine de réquisition *par force*.

« Louviers, le 16 février.

« *Le commandant des troupes,*

« DE LÉGAT. »

Le lendemain, une nouvelle estafette apportait ce post-scriptum :

« Par ordre du général en chef, la somme de contribution fixée pour chaque commune sera élevée à 5 fr. pour 100 et par jour, et qu'on arrêtera des personnes distinguées de la commune sitôt que la somme ne soit pas versée au date fixé.

« Louviers, le 17 février 1871.

« *Le commandant des troupes,*

« DE LÉGAT. »

Cette menace de réquisition par force n'était pas simplement comminatoire. La commune de

Martot, ayant négligé de payer sa contribution en temps voulu, dut verser 4,000 fr. entre les mains d'un commandant qui occupait le château de M. Grandin. A défaut de payement, il menaçait d'enlever tout le mobilier, notamment les *pendules*.

On connaît les démarches faites à Versailles par une fraction du conseil général, pour obtenir la remise de cet impôt. Réduit d'abord à 5 millions, puis à 3, il ne fut acquitté que pour les deux tiers environ (2,200,000 fr.). Quant au colonel-percepteur, il nous quitta avec toutes ses troupes le 20 février, à la grande satisfaction des habitants qui ne pensaient pas en être sitôt débarrassés. En apprenant son départ, beaucoup de maires de campagne, qui allaient s'exécuter, remirent leur argent dans leur poche et eurent la bonne fortune de l'y conserver.

A la perception des contributions de toute nature vint s'ajouter pour les maires des chefs-lieux de canton le soin de faire distribuer les lettres et imprimés adressés par la poste. A partir du 8 février, deux bureaux principaux desservirent l'arrondissement, celui de Louviers, pour les cantons de Louviers, Gaillon et Pont-de-l'Arche; celui du Neubourg, pour les cantons du Neubourg et d'Amfreville; ce dernier comprenait encore le Bourgtheroulde et la Commanderie. L'affranchissement devait se faire par timbres allemands. Les lettres à destination du département de l'Eure, non affranchies, étaient frappées d'une taxe depuis 20 centimes jusqu'à 30 centimes, selon la provenance; taxe que les maires étaient, bien entendu, *chargés d'avancer*. (Instruction du préfet Porembski du 11 février 1871.)

La réception des nombreux paquets de correspondances, le payement des droits, la distribution aux agents des postes français, toute cette besogne incombait aux mairies quotidiennement.

Les détails qui précèdent prouvent que l'armistice n'avait pas amélioré notre situation, au point de vue finances et réquisitions. Sous d'autres rapports, les Allemands, accoutumés à tuer, à incendier, à piller, ne purent se débarrasser tout d'un coup de ces bonnes habitudes.

Le 1er février, quelques traînards appartenant au 89e Meklembourg passaient par le hameau des Faulx (commune d'Heudreville). Ils se mirent en tête de réquisitionner voitures et chevaux, pour se rendre plus commodément à Louviers. En conséquence, ils entrent chez le sieur Foucher Lubin, cultivateur, et lui donnent l'ordre d'atteler immédiatement un cheval à sa voiture. Cet homme leur fait observer qu'il n'a pas de cheval; ils n'en tiennent compte, et bientôt, furieux, se mettent à le frapper à coups de crosse de fusil et de baïonnette, bousculent et renversent sa femme. A ce moment interviennent des voisins, les sieurs Picard, Turlure et Lecœur; accueillis par deux coups de fusil, qui ne les atteignent pas, ils s'avancent courageusement et réussissent à dégager Foucher.

Sans plus tarder, Turlure et Lecœur résolurent de porter plainte aux autorités allemandes. Dans ce but, ils prirent un chemin parallèle à celui que suivaient les soldats. Ceux-ci, redoutant sans doute les conséquences de leur démarche, firent feu sur eux. Un sieur Fallet, qui revenait d'Heudreville, eut le poignet fracassé par une balle.

Nos deux hommes n'en continuèrent pas moins leur route. Ils essuyèrent bientôt une seconde décharge. Turlure tombe frappé d'une balle qui le blesse à l'épaule, lui fracasse la mâchoire et lui coupe la langue. Bientôt il se relève et essaye de suivre Lecœur qui a pris la fuite. Mais les soldats accourent en grand nombre et ne tardent pas à l'atteindre. Ils le renversent dans les ronces et les joncs marins, le terrassent, lui cassent un bras à coups de crosse, le lardent de leurs baïonnettes, et le laissent pour mort, baigné dans son sang. Il parvint pourtant à se traîner jusqu'à son habitation, distante de l'endroit de son martyre de 500 à 600 mètres. Il vécut encore quinze jours dans des souffrances horribles.

Sur la plainte portée par les administrateurs de la commune, un major prussien vint le visiter et lui donna quelques soins; mais on ne fit aucune enquête sérieuse, et ce lâche assassinat resta impuni. Quant à Foucher et à Fallet, ils guérirent de leurs blessures.

Longtemps après la conclusion de la paix, des scènes de violence eurent encore lieu sur la rive droite de la Seine.

A Pitres, dans le courant de mai, un soldat ivre

frappa le sieur Milliard de plusieurs coups de sabre. Le curé, qui intervint, faillit éprouver un pareil traitement. Le même jour, un autre furieux brisait les meubles dans la maison où il logeait et en faisait déguerpir les propriétaires.

VARIÉTÉS

CURIOSITÉS GASTRONOMIQUES

La gloutonnerie et l'ivrognerie sont deux vices pour lesquels les Allemands n'ont point de rivaux. Ils ont marqué leur passage, dans toutes les localités, par leur puissance d'absorption et leur négligence à dissimuler les résultats d'une digestion par trop laborieuse. Le sol des appartements où ils couchaient, les draps, les matelas, la paille même, tout a gardé des traces non équivoques de leur intempérance.

Dans l'ardeur du pillage et du vol, si l'on parlait de cave, ils s'arrêtaient soudain et se précipitaient vers la cave qu'ils dégarnissaient complétement. Un jour, chez un pharmacien, ils trouvèrent tout à la fois *vine* et biscuits. Malheureusement c'étaient des biscuits purgatifs qui ne faillirent pas à leur mission. Trois d'entre eux en ressentirent si violemment les effets qu'ils pensèrent mourir. On rechercha minutieusement la cause d'un tel labeur, et ordre fut donné de ne rien prendre dorénavant dans les pharmacies.

Au château de Mont-Poignant, un officier artificier, dont les fonctions décuplaient encore la soif naturelle aux gosiers allemands, jugea bon de laisser le monument suivant :

« J'étais en logement ici avec deux sous-officiers ; nous avons bu (dans une journée) :

   12 bouteilles rouge vin.
    6   —   madère.
    2   —   champagne.
    2   —   haut-sauterne.
    4   —   chateau-margeau (*sic*).

« Griepn,
« officier artificier.

« 13 février 1871. »

Le lard et les pommes de terre étaient bien le mets classique de nos hôtes, et un ample ragoût de ce genre eut toujours le privilége d'épanouir leurs larges faces. Mais cette prédilection ne les empêchait pas de se livrer, l'occasion se présentant, à des raffinements culinaires. A Sainte-Barbe-sur-Gaillon, ils avaient tout dévoré dans la maison de M. Duclos ; il ne restait qu'un panier d'œufs et une douzaine de pots de confitures. Ils firent une omelette pantagruélique qu'ils recouvrirent d'une épaisse couche de ces confitures. Inutile d'ajouter qu'ils l'arrosèrent d'autant de vin et d'eau-de-vie qu'ils en purent trouver.

Je tiens d'un aubergiste les détails suivants :
Les Prussiens que j'avais chez moi, une quinzaine environ, étaient d'une voracité extrême. Ils mangeaient à peu près de deux heures en deux heures ; quelques-uns n'attendaient pas qu'on les

servît : ils se jetaient sur les viandes et les dévoraient à pleines mains. Ils faisaient de même du fromage. De temps en temps ils avalaient, à même les carafons d'eau-de-vie, de larges gorgées, entre deux bondes de Neufchâtel dont ils ne faisaient guère qu'une bouchée. Généralement, lorsqu'ils trouvaient sous leur main, en allant et venant, un petit ou un moyen carafon, ils en avalaient prestement le contenu et le remettaient à sa place. Avaient-ils affaire à des carafons de grande dimension, ils les emportaient.

Un jour, j'assistai à une correction infligée par un caporal de vingt ans à trois lourdauds de soldats qui avaient bu au-delà du possible. Il les bourrait de coups de pied et de coups de poing, et les envoyait d'une muraille à l'autre. Le matin, au moment du départ, il fit enlever, sous leur nez, le café au lait qu'on leur avait servi et le remplaça par du pain et du fromage.

Dans une commune des bords de la Seine, l'amour de la *fleisch* les avait attirés chez le curé de la paroisse qui, ce jour-là même, par exception, comptait se régaler d'une dinde rôtie. La table était mise, et le volatile s'étalait à l'aise au beau milieu, exhalant une odeur tout à fait réjouissante. Le curé avait déjà plongé la pointe du couteau dans les flancs dorés de l'animal, lorsqu'une demi-douzaine de casques pointus envahissent le presbytère, demandant *fleisch* et cognac. Ils allaient pénétrer dans la salle à manger. Le curé ne perd pas la tête. Il enlève prestement la dinde, la roule dans une serviette et la glisse... où ? dans les replis de son ample douillette, puis il s'offre hardiment aux envahisseurs, et leur crie qu'il n'a pas *fleisch* à leur donner. Malheureusement, dans sa précipitation, il avait oublié de dissimuler les pattes de la dinde qui dépassaient fort indiscrètement les bords de sa douillette. A cette vue, leur colère et leur appétit s'enflamment; ils poussent des cris sauvages; les uns s'élancent sur le curé, la baïonnette en avant, les autres le couchent en joue. Il lui fallut une grande présence d'esprit et une véritable énergie pour se tirer, lui et son rôt, d'une pareille échauffourée. Il y réussit cependant et en fut quitte pour la peur, mais avec la conscience chargée d'un léger mensonge; car *fleisch* et dinde sont bien synonymes pour des Prussiens, et il soutenait n'avoir pas *fleisch* !

Le champagne était leur vin de prédilection. Ils ne l'oubliaient jamais dans l'interminable série de leurs réquisitions, comme si ce vin eût été un produit de nos pommiers. A Pont-de-l'Arche, ils exigèrent absolument du champagne pour célébrer le réveillon. Il n'y en avait pas. L'administration de la ville dut envoyer une députation à Louviers, tout exprès pour tâcher d'en obtenir quelques bouteilles ! Ce gala lui coûta, en outre, environ 1,000 francs.

Les journaux ont publié, d'après le *Moniteur prussien* de Rouen, l'ordinaire officiel du soldat chez l'habitant :

« Avis. — Pour éviter toute erreur de la part des habitants sur ce qui est dû aux troupes prussiennes en fait de nourriture, il sera ordonné ce qui suit :

« 1° Je crois pouvoir me fier à la *délicatesse* des habitants logeant des officiers, pour que ceux-là soient reçus convenablement, selon le rang qu'ils occupent.

« 2° Les habitants logeant des soldats sont tenus à leur fournir, par jour et par heure :

« 750 grammes de pain ; 500 grammes de viande cuite, ou 250 grammes de lard ; 250 grammes de légumes, *y compris le sel* ; 30 grammes de café torréfié.

« Ces objets seront donnés tout cuits et préparés en trois repas : le matin, vers midi et le soir. L'heure de chaque repas devra se conformer au service de la troupe.

« En outre, par jour et par personne, un demi-litre de vin ou un litre de bière, ou un décilitre d'eau-de-vie.

« Chaque cheval recevra par jour : 6 kilogrammes d'avoine ; 2 kilogrammes de foin ; 1 kilogramme et demi de paille.

« Jungé,
« Colonel commandant de la place de Rouen.

« Rouen, le 14 décembre 1870. »

Cela n'est peut-être pas exagéré, surtout pour les liquides dont on savait qu'ils absorberaient toujours trop, quelque ordre qu'on y mît ; mais cela est arrangé et dit de telle façon qu'il en ressort évidemment que la victuaille du Prussien et de sa bête est tout ce qui importe en ce monde.

Le même programme fut publié à Louviers, le 11 décembre, moins les enjolivements du style.

Indépendamment des trois repas complets qu'ils faisaient avec une grande régularité, ces messieurs collationnaient volontiers. Les officiers surtout se montraient exigeants pour ce détail ; dans les bonnes maisons, il leur arrivait souvent de demander tout à la fois de la charcuterie, ou des viandes froides, du beurre, des confitures, des fruits, du café, du cognac ; ce qui ne les empêchait pas de recommander que *le dîner fût un peu plus copieux !*

EXCENTRICITÉS, SCÈNES CARNAVALESQUES, ESCROQUERIES

On ne se grise pas impunément, même quand on est Allemand. C'est trop d'avoir le cerveau envahi à la fois par les fumées du vin et par celles de la victoire. Mais la situation du vaincu est telle qu'il ne peut profiter même des sottises de son adversaire. Voici quelques échantillons des saillies bachiques de nos Allemands.

Le 5 décembre 1870, trois dragons débouchèrent par la ligne du chemin de fer de Gisors. Arrivés au bas de la côte des Deux-Amants, ils aperçurent un paysan qui les regardait appuyé sur sa fourche, au milieu des champs. Regarder un homme pris de vin, c'est l'insulter ! Aussi nos trois héros piquèrent-ils droit à cet homme inoffensif. Il n'eut que le temps de se sauver derrière un arbre. Là, tournant autour de ce rempart improvisé, les Prussiens et le Français, qui sentait qu'il jouait sa peau, se livrent à une lutte des plus émouvantes. Avec un courage, un sang-froid et une adresse vraiment remarquables, le paysan se couvre de l'arbre et pare de sa fourche les coups que ses adversaires essayent de lui porter. Il fit si bien qu'il fatigua nos trois dragons, dont l'ivresse troublait la vue, et réussit à leur échapper.

Tout à fait mis en belle humeur par cet exploit, ils voulurent danser une ronde avec une vieille femme qui se trouva sur leur chemin, puis ils poussèrent jusqu'au Manoir où devait finir leur odyssée. Ils entrèrent à tout hasard dans une cour ouverte, chez le sieur Depitre, et — toujours arrogants, quoique tenant à peine debout! — ils le forcèrent de retirer ses chevaux de son écurie pour y mettre les leurs. Puis ils allèrent s'installer dans une chambre de la ferme. Cependant, la foule s'amasse, et les plus hardis s'écrient qu'il ne faut pas laisser échapper une si belle occasion ; qu'il serait honteux pour le pays de se laisser malmener par trois hommes ivres. Le maire envoie prévenir les gendarmes qui se trouvaient encore à Pont-de-l'Arche. C'étaient les sieurs Lambrecht, Baillat, Leclerc et Dreillard. Ils arrivèrent aussitôt, et Lambrecht, qui parlait allemand, somma nos trois héros de se rendre, en leur donnant l'assurance qu'il ne leur serait fait aucun mal. Ils n'hésitèrent pas longtemps, d'autant plus qu'ils avaient pu entendre un coup de fusil parti on ne sait d'où, mais qui pour eux avait bien sa signification. Désarmés sur l'heure et dûment escortés par les gendarmes montés sur leurs chevaux, ils furent conduits en voiture à Pont-de-l'Arche, puis à Louviers, et de là au quartier général à Serquigny.

Le lendemain, 200 ou 300 cavaliers caracolaient

dans les rues du village, le pistolet au poing, menaçant de tout brûler. Il ne s'apaisèrent que lorsqu'ils se furent assurés que la capture avait été effectuée par des troupes régulières. S'ils avaient su que la population y avait prêté les mains, le Manoir aurait payé cher son acte de patriotisme.

Voici une autre scène d'ivrognes et de cannibales. Dans la nuit du 8 au 9 décembre, des traînards envahirent la maison du sieur Baillehache, huissier à Louviers. D'abord ils burent et mangèrent avec le courage qui caractérise les Allemands. Puis ils se livrèrent à une perquisition dans les placards et les armoires. Ce faisant, ils trouvèrent un vieil habit de garde national qui avait appartenu au père du sieur Baillehache. Grands hourras ! Le sieur Marteau, vieillard de soixante-six ans, gardien de la maison, mis en présence de cette pièce de conviction, protesta qu'elle ne lui appartenait pas, et, montrant son crâne chauve, il les suppliait de le laisser tranquille. Vains efforts ! On lui fit endosser l'habit, pour voir s'il lui allait, et, pendant cette cérémonie, on lui administrait de tous les côtés force horions. Ses cris de détresse mirent le quartier en émoi. Enfin, le pauvre Marteau en fut quitte pour la peur, quelques contusions et sa montre d'argent, bien entendu.

Mais l'aventure suivante met tout à la fois leur couardise et leur brutalité en relief. Le 16 janvier 1871, on enterrait le maire de Saint-Ouen-de-Poncheuil, M. Auvray, et les gens du pays suivaient le cortége qui se rendait à l'église de Saint-Amand-des-Hautes-Terres. Les cloches sonnaient le glas funèbre.

Des dragons prussiens en reconnaissance sur la route d'Amfreville aperçoivent tout à coup, dans le lointain, l'enterrement qui descendait la côte, bannières déployées, les frères de charité et l'assistance sur deux rangs. Ils entendent au même moment le son des cloches qui leur produit l'effet du tocsin.

Ils ne doutent plus qu'ils n'aient affaire à un parti de francs-tireurs, et soudain, ils s'éparpillent à travers les champs, sautent les haies, les fossés.... L'un d'eux, qui était pris de vin et que cette circonstance rendait sans doute plus hardi, se précipite dans le cimetière, fond sur les assistants, le sabre à la main, renverse les uns, frappe les autres, et ne veut rien entendre, même en présence du cercueil qu'on lui montre, et de la fosse béante! Il n'a qu'un mot à la bouche, d'où sort l'écume : « francs-tireurs! francs-tireurs! » Dans cette distribution de coups de plat de sabre, M. le curé d'Amfreville lui-même ne fut pas épargné.

Enfin, ce furieux fit retraite, et quelques assistants s'étant rendus auprès de l'officier qui commandait le détachement, et qui se tenait à une distance respectable, parvinrent à lui faire comprendre qu'il s'agissait d'un enterrement et non d'une embuscade de francs-tireurs.

Cette préoccupation des francs-tireurs, qui assiégeait jusqu'à M. de Bismarck lui-même, prouve que les Prussiens en avaient pour ainsi dire autant d'horreur que nous des uhlans. Un bon point pour MM. les francs-tireurs.

On ne finirait pas, si l'on voulait tenir registre des excentricités de nos envahisseurs. Les trophées de Metz et de Sedan ne suffisaient pas à satisfaire leurs convoitises. A Aubevoye, le 8 décembre, après avoir brisé des casques de pompiers sur lesquels ils avaient mis la main, ils emportèrent le drapeau de la compagnie, et ils l'auraient gardé, sans l'intervention de M. Leblanc, maire de Gaillon, qui parvint à le leur faire rendre.

A Amfreville-la-Campagne, 6 dragons bleus étaient casernés dans la gendarmerie pour le service du *brief-relais*. Ils utilisaient leurs loisirs en fouillant partout. Un jour, ils découvrirent, sous les combles, un drapeau français qu'ils s'empressèrent d'aller planter sur un tas de fumier. C'est bien là l'esprit de ces braves gens qui, selon l'expression d'un maire, avaient toujours, en vous parlant, l'injure à la bouche et le sabre ou le revolver au poing.

En dehors des réquisitions arbitraires, des pillages, des vols franchement caractérisés, l'escroquerie, avec toutes ses nuances, était un champ fécond qu'exploitaient sans vergogne officiers et soldats. En voici un exemple bien saisissant. C'est M. Leroy, maire actuel d'Epréville, qui a raconté le fait.

« Le 22 janvier 1871, un officier du nom de Killnoff, lieutenant au 11ᵉ régiment d'artillerie, du

13ᵉ corps, vint se loger chez moi, avec 2 autres officiers, 15 hommes et 14 chevaux. Il y resta deux jours et parut très-content de la manière dont il était traité, lui et ses hommes. En témoignage de nos bons rapports, le jour de son départ, il me demanda mon adresse et me donna la sienne. Son ordonnance rassembla tous ses effets avec le plus grand soin et les emporta, *en même temps que les restes de son déjeuner.*

« Le lendemain, retour de l'ordonnance se prélassant avec un camarade dans une voiture à quatre roues. Ces messieurs me demandent si nous n'avions pas trouvé un porte-monnaie, sous l'oreiller de l'officier qui était parti la veille. Je réponds que la chambre était encore dans l'état où il l'avait quittée, et qu'ils pouvaient la visiter, ce qu'ils firent, mais sans rien trouver.

« Le dimanche suivant, vers onze heures du matin, arrivent 5 cavaliers prussiens, Killnoff en tête. Ce dernier me dit qu'il était sûr d'avoir laissé son porte-monnaie, et qu'il le voulait sur l'heure. Je protestai de mon innocence, à cet égard, et de celle de toutes les personnes de ma maison. Alors, tous les cinq descendent de cheval, et, le mousqueton au poing, pénètrent dans les appartements, fouillent tous les meubles, et, bien entendu, ne découvrent rien. Ils repartent en menaçant de tout brûler. Ils se rendent chez le maire, le questionnent sur ma moralité, et, finalement, malgré ses réponses favorables, lui intiment l'ordre d'avoir à faire rendre le porte-monnaie, ou son contenu, 180 fr., dans un quart d'heure, sous peine d'incendie. Le maire étant venu me prévenir, je dus m'exécuter, pour éviter de plus grands malheurs. Ces messieurs, très-satisfaits du résultat, nous remercièrent par des rires et des gestes ironiques. »

Voulez-vous savoir ce que, dans un certain nombre de cas, ces honnêtes Allemands faisaient de l'argent qu'ils nous extorquaient de toutes les façons?

Le 26 janvier 1871, un officier supérieur avait exigé de la commune d'Iville, sans autre motif que son bon plaisir, une somme de 10,000 fr. bientôt réduite à 5,000. Comme on n'avait pu réunir que 2,000 fr., on lui présenta cette somme, en lui faisant observer que 500 fr. appartenaient au bureau de bienfaisance.

L'Allemand trancha du généreux, et ne prit que 1,500 fr.

C'était presque du désintéressement, n'est-ce pas? Mais, il est bon de savoir qu'il joua cet argent aux cartes, à Iville même, et qu'il en perdit la plus grande partie!

UN FILS DU GÉNÉRAL MANTEUFFEL

Ce n'est pas un neveu de Bismark, mais un Manteuffel en chair et en os que nous allons évoquer. Il s'abattit, dans le courant de mars 1871, sur la commune de Pitres, située sur la rive droite de la Seine. Cette partie de l'arrondissement eut le privilége de posséder des Prussiens jusqu'à la fin de mai. Le curé de cette paroisse (1), dont il fut l'hôte d'un jour, a couché par écrit la conversation qu'ils eurent ensemble, et elle nous a paru assez intéressante pour en conserver le souvenir dans ce petit recueil. Je laisse parler l'auteur :

« ..... Le même jour, je rentre chez moi, vers midi, et je trouve ma mère bouleversée. Un officier imberbe, juché sur des jambes démesurément longues, avec des lunettes sur le nez, pour remédier à une myopie excessive, mangeait dans ma salle et me paraissait en parfaite mauvaise humeur. Ma mère me mit au courant en deux mots : « Celui-là est extrêmement exigeant ; il ne veut pas de cidre, il lui faut du vin ! » J'entre alors, et je m'approche du formidable Allemand; mais déjà il se radoucissait. Je lui expliquai que nous avions été pillés par ses compatriotes, et qu'il nous était très-difficile de lui procurer ce qu'il demandait. Il me répondit poliment que sa santé ne lui permettait pas de boire du cidre, et il me pria de lui donner du vin — ce que je fis.

« Avant mon arrivée, il avait choisi sa chambre et requis des draps fins ; mais il dut se contenter de toile de ménage. Ce sont pour la plupart de vrais sybarites que ces officiers prussiens. Celui-ci, voyant qu'il y avait pour lui maigre chère au presbytère de Pitres, et *littéralement de l'eau à boire*, avait repoussé loin de lui, par un geste violent, les trois œufs durs que ma mère lui avait servis.

(1) M. l'abbé Vaurabourg.

A ma vue, que fait-il ? Il reprend tout doucement son assiette et se met en devoir de satisfaire son appétit. Nos explications échangées, je lui fis préparer un ragoût de bœuf et de pommes de terre qu'il voulut bien trouver délicieux. Le tout fut couronné d'un excellent café.

« Cet officier était, ni plus ni moins, l'un des fils de Von Manteuffel, général en chef du 1er corps allemand. Il eut bien soin de me le dire d'abord, afin que je n'en pusse ignorer. « Je suis, mossié, le fils du général Manteuffel; je suis lieutenant de dragons. »

« L'orage de l'entrée en matière étant dissipé, nous vécûmes en bons termes et nous eûmes des entretiens qui ne sont pas dépourvus de tout intérêt. Notre conversation, comme on le pense bien, roula principalement sur la guerre. Il blâmait fort nos officiers supérieurs ; mais il avait de l'estime pour nos soldats, la ligne surtout. Quant aux mobiles, il les traitait de *brigands* et de *canailles !* Je protestai naturellement contre de semblables qualifications, et je lui répétai sur tous les tons que si la Prusse était victorieuse, c'était grâce à une surprise, à ses canons, à son immense armée. « Vous aurez beau faire et beau dire, monsieur, vous ne changerez pas la nature des choses. Aujourd'hui, vous nous enlevez l'Alsace et la Lorraine ; mais ces provinces, françaises d'esprit et de cœur, nous reviendront. Un peuple n'a pas des frontières de convention ; il lui faut des frontières naturelles, des montagnes, des fleuves. La nôtre est toute indiquée du côté de l'Allemagne, c'est le Rhin.

le Rhin dans tout son cours, et nous l'aurons, sinon dans cinq ou dix ans, au moins dans cinquante ou cent ans. A vous la rive droite — à nous la rive gauche. La géographie est pour nous ; tôt ou tard nous triompherons. Les jalousies de l'Angleterre et de l'Allemagne nous ont seules empêchés jusqu'à ce jour d'atteindre ce résultat ; mais ce n'est qu'un retard. » Comme on le pense bien, nous n'étions pas d'accord. Il m'objectait la langue et l'état actuel de nos frontières qui, loin de nous rapprocher, nous éloignait beaucoup du Rhin ; en un mot, il savait son Bismark par cœur. Pour rehausser l'armée allemande, il prétendait que l'armement de nos troupes n'était pas aussi défectueux qu'on se plaisait à le dire, et c'était vrai pour le chassepot, « qui, disait-il, est quatre fois meilleur que notre fusil ».

« Trouvez-vous la France belle ? — Oh ! oui ; mais j'aime autant notre Prusse. La France est très-riche, quatre fois plus riche que la Prusse. M. de Bismark a tort de ne pas demander plus de cinq milliards, c'était *dix* milliards qu'il fallait exiger ; la France les aurait payés. — Dix milliards ! monsieur, vous n'y pensez pas ; vous voudriez donc ruiner notre malheureux pays ? Vous êtes vraiment des vainqueurs peu généreux. Regardez : en 1806, la Prusse était tombée encore plus bas que la France ; Napoléon pouvait l'anéantir ; il ne l'a pas fait, et il n'a demandé qu'une contribution de guerre très-modique. Croyez-le bien, vous mettez la France dans la nécessité de prendre une revanche ; vous l'irritez profondément, et, dans quelques années, cette revanche aura lieu. Elle sera terrible, implacable; vous nous avez donné l'exemple, on le suivra. Cette guerre va nous faire ouvrir les yeux, nous retremper, tandis que vous, confiants dans votre force, dans vos succès d'aujourd'hui, vous serez moins bien sur vos gardes. Et puis, il se trouve que vous avez à votre tête, dans la politique et dans l'art militaire, deux hommes exceptionnels, Bismark et de Moltke. Vous ne les aurez pas toujours, et il faut espérer qu'il se verra en France de meilleurs généraux que ceux d'aujourd'hui. — Oh! mossié, les enfants des généraux prussiens actuels auront été à bonne école et feront comme leurs pères : *ils se préparent déjà!* — Il est presque impossible, monsieur, qu'ils ne dégénèrent pas. Le succès rend présomptueux. Le vaincu se prépare en silence, et, quand l'occasion se montre propice, il relève la tête, il se jette sur le vainqueur qui se repose dans sa force, et soudain les rôles changent. Cela vous est arrivé après le grand Frédéric, comme cela nous est arrivé, à nous, après Napoléon Ier et nos victoires de Crimée et d'Italie. — Eh bien, mossié, dit-il en riant, si nous avons de nouveau la guerre, nous viendrons encore boire votre vin ....., ou vous, le nôtre. » Ce qui était exprimer *pratiquement* la condition faite aux vaincus.

« Ensuite, nous abordâmes l'antiquité et ses grands capitaines : Alexandre, Annibal, César; puis, dans les temps modernes, Turenne, Frédéric, Napoléon, de Moltke. Ce qui explique chez moi ces sortes d'entretiens avec mon hôte, c'est que j'étais frais émoulu de la lecture de l'*Histoire de l'Empire*, par M. Thiers. Je n'étais pas fâché non plus de montrer à ce jeune officier, appelé sans doute à de hauts emplois, qu'on n'est pas aussi ignorant en France qu'ils se plaisent à le penser de l'autre côté du Rhin.

« Après nous être entretenus des grands généraux de l'antiquité et de ceux d'entre les modernes qui pouvaient leur être comparés, nous nous arrêtâmes un moment sur les deux plus célèbres dont se glorifient la Prusse et la France, Frédéric et Napoléon. Il tenait naturellement pour Frédéric, et moi pour Napoléon. M. Thiers m'inspirait les raisons que j'avais à faire valoir. Voyez-vous, lui dis-je, c'est d'après les idées de Napoléon que vous nous avez battus. Oui, de Moltke n'est que l'humble disciple du général français; il lui a emprunté cinq ou six idées mères, pour ce qui concerne le rôle de l'artillerie, de la cavalerie, les mouvements tournants, le mélange d'audace et de prudence qu'il faut savoir combiner. Avec ces quelques idées, méditées, appliquées dans les circonstances les plus favorables, il a obtenu les trop magnifiques résultats dont nous gémissons. C'est là ce qui placera de Moltke à un rang élevé parmi les capitaines. Mais ne faut-il pas convenir qu'une partie de cet honneur revient au maître, à Napoléon?

« Après ces considérations qui faisaient l'éloge du stratégiste prussien, le jeune officier voulut bien avouer que Napoléon était le plus grand général des temps modernes; mais ce qui l'amenait à le reconnaître, c'était moins mon argumentation que l'opinion personnelle de son père. — « Mon père, mossié le curé, regarde aussi Napoléon comme le premier homme de guerre. Napoléon est l'idéal de mon père. » — De là, passant à l'appréciation de Von Manteuffel, il me demanda ce que je pensais à son égard. J'étais assez embarrassé; je n'aurais point voulu froisser les sentiments d'admiration d'un fils pour son père. — « A votre avis, mossié, quel est l'homme qui réunisse en lui le meilleur général et le meilleur diplomate? — Je ne suis pas assez compétent, repris-je, pour avoir une opinion sur ce point. Cependant, il me semble qu'à l'heure actuelle, on regarde de Moltke comme le plus habile général, et M. de Bismark comme le premier des diplomates. — Ce n'est pas cela, mossié. De Moltke, oui, est un grand général; Bismark.... je ne sais pas. Tenez, mossié, je pense que le plus grand général et le plus grand diplomate se trouvent en mon père. Mon père est général et diplomate à la fois. — Je ne savais pas; je croyais qu'il n'était que militaire, trop habile certainement, pour notre malheur! — Oh! mossié, mon père est diplomate aussi; ambassadeur à Vienne, à Pétersbourg, à *London*, à Paris, partout, et très-grand diplomate! — J'aime à le croire. » Je vis clairement qu'il y avait entre Bismark et Manteuffel un antagonisme profond.

« Nous n'abordâmes que très-peu les questions religieuses; je m'aperçus tout d'abord que son protestantisme avait fait place à un pur matérialisme. Il ne comprenait que les satisfactions positives, charnelles; il ne fallait point l'entretenir d'abstinences, de privations volontaires, pour rendre l'âme supérieure au corps. Manger, manger beaucoup de viande, beaucoup de pommes de terre, pour être fort, pour avoir les bras solides, voilà sa philosophie pratique. Il faut avouer qu'entendue à la manière prussienne, on n'y voit pas percer la moindre lueur de spiritualisme. C'est la matière et ses jouissances, rien de plus.

« Ce fut dans ces causeries que nous passâmes notre après-midi et une partie de notre soirée. Dans un moment d'épanchement, il me dit : — « Oh! mossié, je aimais beaucoup à loger chez MM. les curés; on y était tranquille, et l'on parlait histoire, littérature, politique même; je aimais à parler de ces questions intéressantes. »

« Il portait sur lui la photographie de sa mère qu'il baisait de temps à autre d'une façon vraiment touchante : « Chère petite maman, comme je désire te revoir ! — Vous avez failli ne pas la revoir, lui dis-je, et peut-être n'avez-vous pas soupçonné le péril que vous avez couru. — Comment, mossié? — Dites-moi, n'étiez-vous pas au combat d'Orival? — Oui, mossié. — N'étiez-vous pas caché dans une petite maison blanche, au bout du pont de Saint-Aubin, avec plusieurs officiers? — Oui, mossié. — Eh bien! les mobiles le savaient, et si l'un d'eux que je connais avait été écouté, on eût démoli cette maison à coups de canon, et jugez de ce qui serait advenu de l'état-major qui s'était logé là! » — Il pâlit à ce récit qu'il trouvait exact dans tous ses détails.

« Ce grand garçon, d'une physionomie peu

intéressante, était très-coquet, très-amoureux de sa personne. Des pommades, des parfums de toute sorte garnissaient son nécessaire de voyage. Ce sont, je le répète, de vrais sybarites que ces officiers prussiens!

« Le lendemain matin, il fit griller de minces tartines de pain pour les manger en route, et il eut soin de se munir, en la payant d'ailleurs, d'une bouteille d'excellent vin destiné à arroser les susdites tartines. A 9 heures, Von Manteuffel et ses dragons bleus avaient quitté Pitres où nous espérons bien ne jamais les revoir. »

LES PRISONNIERS DE THORN

Avec 400,000 prisonniers, on ne doit pas manquer de récits empruntant tous les titres, anecdotes, souvenirs, etc. Mais, quel qu'en soit le nombre, il ne peut être trop grand. On ne peut trop raconter les infortunes de ces malheureux. Il faut que nous les apprenions par cœur pour les réciter à nos descendants, afin que les générations se souviennent.

Le jeune soldat auquel se rapporte l'épisode suivant est un enfant de Louviers. A ce titre, il nous est permis de le suivre jusqu'aux frontières les plus reculées de la Prusse. Je lui laisse la parole.

« Le 16 août, après un combat assez court, j'eus le malheur de tomber entre les mains des Allemands, avec beaucoup d'autres de mes camarades.

On nous mena d'abord à Onville (arrondissement de Metz) et l'on nous fit coucher dans l'église. Les habitants nous apportèrent de la nourriture et s'efforcèrent de nous procurer tout ce qui pouvait adoucir un peu notre sort. Le curé, aussi bon que courageux, se chargea de quelques lettres pour nos familles. A Pont-à-Mousson, qui était alors le quartier général prussien, nous fûmes encore logés dans l'église et nourris par les habitants. A Remilly, nous couchâmes à la belle étoile, et nous eûmes pour toute pitance un morceau de lard cru et du pain moisi.

« De Remilly, on nous dirigea sur Saint-Avold. Malgré la longueur de l'étape, la route se fit, comme les jours précédents, à pied et non sans peine ; car la plupart d'entre nous, blessés ou contusionnés, ne marchaient qu'avec difficulté. A Saint-Avold, quoique nous n'eussions pris aucune nourriture depuis la veille, on nous empila dans des wagons à bestiaux, 35 à 40 par wagon, et nous fîmes route pour Mayence, où nous arrivâmes le 20 août. Les habitants furent pour nous aussi bons que possible. De là nous partîmes pour Berlin, où nous parvînmes le 22 ; on nous donna, vers 11 heures du matin, un morceau de jambon cru. De Berlin, nous fûmes transportés en wagons-voyageurs à Thorn qui était désigné pour le lieu de notre captivité. On nous partagea en trois groupes qui occupèrent des forts différents. Les casemates qui nous furent assignées se trouvaient à 15 pieds sous terre et ne recevaient le jour que par des petits créneaux donnant sur les fossés. Notre lit consistait en un peu de paille étendue sur une planche, et, quoique fort dur, la fatigue du voyage nous le fit trouver excellent. Quant au pain, nous n'en reçûmes que le quatrième jour après notre arrivée, c'est-à-dire le 28 août, au soir.

« Le 29, une escorte de soldats prussiens nous mena travailler aux fortifications. Quoique ce travail fût supportable, n'étant que d'environ cinq heures par jour, le changement de climat, le manque de nourriture, les mauvais traitements affaiblirent tellement quelques-uns de nos camarades qu'ils succombèrent au bout de peu de jours.

« Ainsi s'écoulèrent les mois de septembre et d'octobre. Bientôt la neige couvrit la terre. Le travail n'en continua pas moins. Dans le courant de décembre et de janvier, le thermomètre descendit jusqu'à 36 degrés au-dessous de zéro. Comme nous n'avions pas de vêtements chauds, je ne sais comment nous pûmes supporter cette température, d'autant plus qu'on nous employait souvent à enlever la neige sur la place d'armes de Thorn, et qu'après cette opération, la plupart d'entre nous rentraient dans leurs casemates plus morts que vifs.

« Ce dur hiver, dur de toutes façons, ne s'adoucit qu'à la fin d'avril. Vers le 15 mai, le dégel ayant rendu le séjour de nos casemates impossible, à cause de l'eau qui dégouttait de toutes parts, et en faisait de véritables puits, nous fûmes transférés dans un autre fort. Là, le désir de revoir notre pauvre France nous obsédant plus que jamais, nous résolûmes de tenter une évasion. Dans ce but, sous prétexte de nous distraire, nous demandâmes et nous obtînmes, non sans peine, l'autorisation d'établir un petit théâtre dans une casemate dont l'éloignement rendait la surveillance difficile. Jusqu'au 31 mai, nous ne fûmes occupés que de nos préparatifs de départ, et principalement du soin de nous renseigner sur le chemin que nous devions suivre pour franchir la frontière, dans la direction de Varsovie. Un soldat prussien (Polonais de naissance) nous donna des détails précis à cet égard.

« Le soir de ce jour fixé pour le départ, vers 10 heures, j'entends un bruit inaccoutumé dans les corridors, puis des pas précipités ; bientôt, on vient nous dire que le moment est favorable pour la fuite, les Prussiens croyant qu'il y avait théâtre ce soir-là. Je me hâte de sortir, car j'avais soif de liberté ; nous étions à peine à 150 pas que nous entendons crier : *werda !* et que plusieurs coups de feu partent dans notre direction. Un peu alarmés, nous précipitons notre marche vers un fourré voisin. Là, on s'arrête, on se compte (ils étaient 18), on se serre les mains, on se jure fidélité et assistance jusqu'à la mort, et, tantôt par deux ou trois, tantôt isolément, on se dirige vers la frontière russe, ayant la Vistule à gauche et le chemin de fer à droite.

« Après avoir marché environ quatre heures, nous découvrons, à la sortie d'un bois, une borne routière ; en même temps nous reconnaissons un poste de douanes. Pour l'éviter, nous prenons à travers les prés, le long d'un petit cours d'eau, et nous continuons environ 2 kilomètres, cherchant un passage favorable. Comme le cours d'eau allait en s'élargissant, nous nous décidons à le traverser. Il était trois heures du matin. Cet obstacle heureusement franchi, nous nous retirons dans un petit bois voisin pour prendre un peu de nourriture et de repos.

« Bientôt, apprenant que nous sommes sur le territoire russe, nous nous dirigeons sur Varsovie par la grande route. A 6 kilomètres de la frontière se trouve le village polonais de Stoxewo ; nous nous disposons à le traverser et à passer outre ; mais les habitants, reconnaissant des soldats français, nous arrêtent, nous serrent dans leurs bras presque comme leurs enfants, nous emmènent dans leurs maisons, où nous trouvons la nourriture et le repos dont nous avions tant besoin. On nous invita même à dîner dans un château où demeurait une institutrice d'origine française.

« Le lendemain (2 juin), nous reprenons notre route, accompagnés d'un officier de gendarmerie et suivis de deux voitures qui portaient notre petit bagage, ainsi que ceux qui ne pouvaient plus marcher.

« A Nieszawa, où nous arrivons après cinq heures de marche, nous sommes accueillis par la population avec un véritable enthousiasme. Tout le monde s'offre pour nous loger, nous nourrir et nous combler des soins les plus touchants. Nous y restons dix jours, attendant les papiers et l'argent qui nous étaient nécessaires pour notre retour en France, par l'Autriche et l'Italie.

« Le 10 juin, le bruit court que nos papiers sont arrivés. Nous sommes mandés, dès sept heures du matin, devant le commandant de place, que nous trouvons accompagné du gouverneur de Varsovie. A peine sommes-nous réunis que 80 cosaques nous entourent, à notre grande stupéfaction ! Le gouverneur nous explique lui-même qu'en vertu d'une convention passée entre les puissances, les prisonniers doivent être rendus et reconduits au lieu où ils avaient été internés.

« Il fallut donc reprendre le chemin de la captivité ! Les cosaques, qui s'étaient montrés pour nous pleins de bons procédés, nous remirent entre les mains de nos farouches ennemis, qui redoublèrent leurs mauvais traitements. Arrivés à Thorn, on nous enferma dans une casemate, où nous restâmes quarante-huit heures sans vivres. Notre interrogatoire dépita fort les officiers prussiens, parce qu'aucun de nous ne voulut vendre ses camarades. Cependant il fut décidé que nous passerions devant un conseil de guerre.

« En attendant, notre situation s'empira beaucoup. Séparés les uns des autres, excédés de travail (douze heures par jour), privés de nourriture et d'argent — car on nous avait pris celui que nous avions rapporté de Pologne — nous avions presque perdu l'espoir de revoir jamais notre chère patrie. Heureusement, nos amis les Polonais ne nous abandonnèrent pas ; la petite ville de Nieszawa demanda et obtint notre grâce. Le 9 juillet, nous partîmes pour la France, et le 14 nous arrivâmes à Charleville. Pendant ces cinq jours, on nous fit faire régulièrement trois repas ! »

AFFAIRE BERTOUT

L'épisode suivant, qui n'a malheureusement besoin d'aucun commentaire, est un des plus tristes de la campagne. Laissons parler les documents judiciaires.

L'an 1871, le 2 mars. Nous, Pierre-Isidore Lavenas, commissaire de police de la ville du Neubourg, officier de police judiciaire, auxiliaire de M. le procureur de la République, avons procédé comme il suit à l'interrogatoire d'un sieur Bertout, cultivateur, demeurant à Emanville, canton de Conches, inculpé d'avoir fait proposition, par lettre, du 20 février dernier, au commandant prussien, à Conches, de lui dénoncer, moyennant prix d'argent, des maisons des environs de Conches, à l'effet de réquisitions forcées, de pillage, ce qui constitue des manœuvres et faits de trahison, tendant à fournir argent et vivres à l'ennemi.

D. Nom, prénoms, âge, profession, lieu de naissance et domicile?

R. Bertout, Pierre-Joseph, 44 ans, cultivateur, né à Saint-Amand-des-Hautes-Terres, canton d'Amfreville-la-Campagne, demeurant à Emanville, canton de Conches.

D. Etes-vous marié?

R. Je suis célibataire.

D. Lundi dernier, 27 février, vous êtes venu au bureau de la poste aux lettres, au Neubourg, chercher une lettre, à cette adresse : « Neubourg, poste restante, A. G. L. » On ne put vous la remettre immédiatement, et vous dîtes : « Je ne puis attendre, je suis pressé. Je reviendrai mercredi. » Et, en effet, vous êtes retourné hier, 1ᵉʳ mars, vers trois heures de l'après-midi, au même bureau de poste aux lettres, au Neubourg, où vous avez de nouveau réclamé votre lettre, adressée A. G. L., et où vous avez été arrêté, dans le couloir du guichet.

R. Je ne peux le nier. J'ai été, lundi, 27 février, et hier, 1ᵉʳ mars, au bureau de poste du Neubourg, pour réclamer une lettre, adressée A. G. L., qui m'a été remise, ledit jour, hier, 1ᵉʳ mars, vers trois heures de l'après-midi, moment où j'ai été arrêté dans le couloir du guichet.

D. Cette lettre, que nous avons saisie sur vous, à l'instant de votre arrestation, était une réponse, demandée par contre-lettre, sans date, mais portant celle du bureau de poste du Neubourg, 20 février (timbre de départ), ainsi adressée : « Monsieur le commandant prussien, com-
« mandant de place à Conches (Eure) », et ainsi conçue (textuellement, avec les fautes d'orthographe et de ponctuation) :

« Monsieur le Commandant,

« Je vous prie de m'excuser de la liberté que je prens de
« vous adresser cette lettre, ces pour vous faire une pro-
« position si vous voulée l'accepter, je pourrais vous en-
« seigner plusieurs maisons très riches dans lesquelles
« vous pourriez faire de fortes réquisitions, en avoine
« foin paille, chevaux moutons et tout ce qui vous ferait
« plaisir d'exiger, sa n'est pas éloigné de Conches de 6 à
« 10 kilomètres, il y en a trois dans la commune.

« Si vous vouliez me promettre de me donner une
« somme d'argent qui mérite la peine de le faire, je vous

« donnerais leurs adresses ; vous conviendérée avec moi
« que je ne puis pas m'exposer pour peu de choses, si sa
« se trouvait connu, ma vie serait en danger ; pour cela
« il fauderai que vous me promettiez une somme qui
« puisse me tanter. Dans le nombre des personnes que je
« vous enseignerais il y en a un qui est très riche ; vous
« pourriez exiger une forte somme en argent et mobilier
« et faire nourrir vos soldats et leurs chevaux pendant
« longtemps jusqu'au paiement des réquisitions.

« Si ma proposition peu vous être agréable adressée
« moi une lettre de suite d'après l'adresse que je vais
« vous donner plus loin et me dire dedans quelle est la
« somme que vous me donneriez, si elle me convient je
« vous adresserai leurs noms et demeure.

« Voici l'adresse qu'il faut mettre.

« Neubourg poste restante (Eure) *affranchir*. M. A. G. L.
« non chargée. Ne pas exiger de témoins pour la re-
« mettre.

« Je suis Monsieur en attendant une réponse de vous
« par le retour du courrier.

« Votre tout dévoué

« A. G. L. »

Vous êtes l'auteur de cette lettre que nous vous re-
présentons ? C'est vous qui l'avez écrite ?

R. Oui.

D. Dans votre pensée, quelle somme aurait donc pu
vous tenter, en payement de vos dénonciations, ayant
pour but de fournir de l'argent, des vivres, des chevaux,
des fourrages, etc., à l'ennemi ?

R. 2,000 ou 3,000 fr.

D. Par votre missive au commandant prussien, vous
offrez aussi de vendre les dépouilles de vos compatriotes,
que vous ne trouvez pas assez accablés par la guerre,

non-seulement pour de l'argent, mais aussi pour satisfaire quelque vengeance, surtout envers cette personne que vous annoncez particulièrement très-riche et de laquelle l'ennemi pourrait exiger forte somme en argent et mobilier, par longue garnison d'hommes et de chevaux jusqu'au payement des réquisitions... projet de ruine complète, formé par vous.

Voulez-vous dire quelle est cette personne, ainsi menacée?

R. C'est le sieur Huvey, ancien maire d'Emanville, qui m'a poursuivi iniquement, avec acharnement, à l'occasion de fermages de culture; cet homme a causé ma ruine, en me faisant perdre 20,000 fr.; c'est un scélérat.

D. Voudriez-vous aussi dire les noms des autres personnes que vous aviez l'intention de désigner aux Prussiens ?

R. Ce sont les sieurs Mulet, beau-frère de Huvey, et Cannel, cousin de ce dernier, cultivateurs à Emanville, ayant agi de concert pour me ruiner et profiter de ma ruine. La vengeance m'a malheureusement guidé seule. Je regrette bien d'avoir employé le moyen de m'adresser à l'ennemi, pour me servir d'instrument.

Lecture réitérée du présent interrogatoire, le susnommé Bertout a maintenu ses réponses et a signé avec nous.

Fait à Neubourg, les jour, mois et an que d'autre part.

    BERTOUT.   *Le commissaire de police,*
                              J. LAVENAS.

Cette réponse que venait chercher Bertout, et qui amena son arrestation, était une lettre fabriquée à dessein par les soins du maire de Conches auquel le commandant prussien avait eu la loyauté de communiquer les propositions de ce malheureux.

 Arrêté, comme on l'a vu, et conduit à Louviers, il fut condamné plus tard par la cour d'assises de Caen à 5 ans de travaux forcés, commués en 5 ans de réclusion. Il mourut, avant de subir sa peine, à l'Hôtel-Dieu de Caen.

LA PAIX

Le 1ᵉʳ mars, les préliminaires de paix furent ratifiés par l'Assemblée nationale réunie à Bordeaux.

L'évacuation de la rive gauche de la Seine, qui en était la conséquence immédiate, fut commencée et accomplie en quelques jours.

CONCLUSION

Je fais suivre cet exposé de nos infortunes d'un relevé des pertes résultant de la guerre, en hommes et en argent.

Le total des pertes évaluées en argent est de 981,857 fr., en chiffres ronds, un million.

Nous avons eu, en outre :

        127 hommes tués.
         45 — blessés.
        137 — faits prisonniers.

La petite vérole et la fièvre typhoïde, deux fléaux accessoires de la guerre, ont atteint 1,800 personnes environ, sur lesquelles 300 ont succombé.

Enfin, la peste bovine, autre produit posthume de l'invasion, a enlevé 420 têtes de bétail, estimées 150,000 fr.

Voilà ce que nous a coûté la guerre. Quant à la paix, c'est bien une autre affaire. On peut, à vol d'oiseau, pour ainsi dire, établir les calculs suivants :

Sur l'indemnité de 5 milliards, le département de l'Eure devra contribuer pour 58 millions environ.

Les frais de guerre ne peuvent pas être évalués à moins de 3 milliards. Le département de l'Eure aura pour sa part 34 millions environ.

Total : 92 millions.

L'arrondissement de Louviers fournira un sixième à peu près de cette somme, soit 15 millions.

STATISTIQUE

DES

PERTES RÉSULTANT DE LA GUERRE

DE 1870-1871

NOMS DES COMMUNES.	ESTIMATION EN ARGENT des réquisitions et prestations de toute nature.	ESTIMATION DES PERTES résultant de dégâts, incendie, vols, pillage, etc.	TOTAL GÉNÉRAL.	NOMBRE DE MILITAIRES tués, ou morts des suites de leurs blessures, ou maladies, ou disparus.	BLESSÉS.	PRISONNIERS.
Amfreville-la-Campag..	23.508	8.866	32.374	»	1	9
Bec-Thomas...........	5.006	1.462	6.468	»	»	1
Fouqueville..........	9.647	3.771	13.418	1	»	»
Gros-Theil (le)	5.965	»	5.965	1	»	»
Harangère (la)	3.559	62	3.621	2	»	»
Haye-du-Theil (la).....	2.788	2.903	5.691	»	1	»
Houlbec-près-le-Gros-Th.	2.597	»	2.597	»	»	»
Mandeville...........	2.587	»	2.587	2	»	»
Pyle (la).............	680	»	680	»	»	»
St-Amand-ds-Hautes-Ter.	946	»	946	1	»	»
Saint-Cyr-la-Campagne.	1.552	»	1.552	3	1	»
Saint-Didier..........	1.065	»	1.065	2	1	»
St-Germain-de-Pasquier.	604	»	604	»	»	»
Saint-Meslain-du-Bosc..	1.660	»	1.660	»	»	»
Saint-Nicolas-du-Bosc...	1.628	300	1.928	»	»	»
St-Ouen-de-Pontcheuil..	623	»	623	2	»	»
St-Pierre-des-Cercueils..	8.818	280	9.098	»	»	»
St-Pierre-du-Boscguerard.	4.450	1.146	5.596	2	»	»
Saussaye (la)	6.702	26.242	32.944	»	»	»
Thuit-Anger (le)	9.978	1.063	11.041	1	»	»
Thuit-Signol (le)......	9.740	»	9.740	»	»	»
Thuit-Simer (le)	2.002	»	2.002	»	»	»
Tourville-la-Campagne..	11.176	1.106	12.282	»	»	»
Vraiville.............	1.679	»	1.679	1	»	»
(24 communes)...	118.960	47.201	166.161	18	4	20

NOMS DES COMMUNES.	ESTIMATION EN ARGENT des réquisitions et prestations de toute nature.	ESTIMATION DES PERTES résultant de dégâts, incendie, vols, pillage, etc.	TOTAL GÉNÉRAL.	NOMBRE DE MILITAIRES tués, ou morts des suites de leurs blessures, ou maladies, ou disparus.	BLESSÉS.	PRISONNIERS.
Gaillon................	31.688	6.341	38.029	»	»	»
Ailly.................	4.325	3.107	7.432	1	»	3
Aubevoie............	2.061	13.750	15.811	»	»	»
Autheuil............	1.853	136	1.989	1	»	»
Authouillet.........	992	»	992	1	»	»
Bernières............	6.514	1.000	7.514	»	»	»
Cailly...............	832	24	856	1	1	1
Champenard.........	494	»	494	»	»	»
Croix-St-Leufroy (la)...	3.071	»	3.071	4	»	1
Écardenville-sur-Eure..	1.603	»	1.603	2	»	»
Fontaine-Bellenger.....	5.633	128	5.761	»	»	»
Fontaine-Heudebourg...	3.509	1.000	4.509	»	»	»
Heudreville-sur-Eure...	5.015	471	5.486	2	»	4
Muids................	1.442	»	1.442	1	1	4
St-Aubin-sur-Gaillon...	6.801	60	6.861	4	1	7
Ste-Barbe-sur-Gaillon ..	3.132	1.470	4.602	»	»	»
St-Étienne-sous-Bailleul.	834	»	834	»	»	»
St-Julien-de-la-Liègue..	1.041	»	1.041	»	»	»
St-Pierre-de-Bailleul...	5.818	»	5.818	1	1	2
St-Pierre-la-Garenne...	5.594	»	5.594	»	1	»
Tosny................	5.721	1.878	7.599	2	»	»
Venables.............	3.649	»	3.649	1	»	2
Vieux-Villez..........	1.195	»	1.195	»	»	»
Villers-sur-le-Roule....	7.483	3.418	10.901	1	»	»
(24 communes).....	110.300	32.783	143.083	22	5	24

NOMS DES COMMUNES.	ESTIMATION EN ARGENT des réquisitions et prestations de toute nature.	ESTIMATION DES PERTES résultant de dégâts, incendie, vols, pillage, etc.	TOTAL GÉNÉRAL.	NOMBRE DE MILITAIRES tués, ou morts des suites de leurs blessures, ou maladies, ou disparus.	BLESSÉS.	PRISONNIERS.
Louviers............	152.970	19.161	172.131	16	13	23
Acquigny............	6.640	4.495	11.135	1	2	3
Amfreville-sur-Iton....	2.553	»	2.553	1	»	»
Andé...............	787	1.420	2.207	»	»	3
Crasville............	5.647	3.565	9.212	»	»	»
Haye-le-Comte (la).....	»	2.480	2.480	»	»	1
Haye-Malherbe (la)....	4.086	»	4.086	5	»	»
Heudebouville.........	9.842	2.622	12.464	1	»	1
Hondouville..........	1.945	»	1.945	»	»	1
Incarville............	4.926	2.260	7.186	1	4	9
Mesnil-Jourdain (le)....	1.730	»	1.730	»	»	»
Pinterville...........	3.965	1.020	4.985	»	1	1
Planches (les)........	6.084	»	6.084	2	»	1
Quatremare..........	2.783	»	2.783	3	»	1
St-Étienne-du-Vauvray.	3.908	»	3.908	2	»	1
St-Pierre-du-Vauvray...	5.593	847	6.440	1	1	1
Surtauville...........	944	»	944	»	»	1
Surville.............	12.960	»	12.960	1	»	1
Vacherie (la).........	2.320	»	2.320	»	»	1
Vironvay............	633	»	633	»	»	1
(20 communes).....	230.283	37.840	268.123	34	21	31

NOMS DES COMMUNES.	ESTIMATION EN ARGENT des réquisitions et prestations de toute nature.	ESTIMATION DES PERTES résultant de dégâts, incendie, vols, pillage, etc.	TOTAL GÉNÉRAL.	NOMBRE DE MILITAIRES tués, ou morts des suites de leurs blessures, ou maladies, ou disparus.	BLESSÉS.	PRISONNIERS.
Neubourg (le)	96.218	9.500	105.718	5	4	7
Bérangeville-la-Campag.	52	»	52	»	»	»
Canappeville	2.804	»	2.804	»	»	»
Cesseville.............	2.313	»	2.313	1	»	»
Crestot	2.588	»	2.588	2	»	»
Criquebeuf-la-Campagne	2.381	»	2.381	1	1	3
Crosville-la-Vieille	3.965	285	4.250	»	»	»
Daubeuf-la-Campagne ..	3.290	»	3.290	1	»	»
Ecauville	394	»	394	1	»	»
Ecquetot	3.202	»	3.202	»	»	»
Épégard..............	1.947	»	1.947	1	»	»
Épréville-près-le-Neub..	12.786	1.400	14.186	»	1	3
Feuguerolles	1.337	»	1.337	»	»	»
Hectomare............	1.801	»	1.801	1	»	»
Houetteville..........	1.356	»	1.356	4	»	»
Iville................	8.497	4.428	12.925	1	1	1
Marbeuf..............	3.147	»	3.147	»	»	»
St-Aubin-d'Ecrosville...	7.923	»	7.923	2	»	»
Tremblay (le)	8.356	»	8.356	»	»	»
Troncq (le)...........	1.129	650	1.779	»	»	1
Venon................	2.340	»	2.340	1	»	»
Villettes.............	2.723	»	2.723	1	»	»
Villez-sur-le-Neubourg .	1.601	»	1.601	»	»	»
Vitot................	1.574	»	1.574	3	»	»
(24 communes)....	173.721	16.263	189.984	25	7	15

NOMS DES COMMUNES.	ESTIMATION EN ARGENT des réquisitions et prestations de toute nature.	ESTIMATION DES PERTES résultant de dégâts, incendie, vols, pillage, etc.	TOTAL GÉNÉRAL.	NOMBRE DE MILITAIRES tués, ou morts des suites de leurs blessures, ou maladies, ou disparus.	BLESSÉS.	PRISONNIERS.
Pont-de-l'Arche	36.090	3.557	39.647	1	1	14
Alizay	33.664	9.584	43.248	2	2	»
Connelles	430	»	430	»	»	»
Criquebeuf-sur-Seine	6.316	1.200	7.516	1	1	5
Damps (les)	4.198	6.499	10.697	»	»	»
Herqueville	450	»	450	1	»	»
Igoville	24.424	6.142	30.566	1	»	»
Léry	10.173	1.500	11.673	5	2	7
Manoir (le)	5.430	3.313	8.743	1	»	4
Martot	13.477	600	14.077	1	»	»
Montaure	8.428	»	8.428	»	»	»
Notre-Dame-du-Vaud	7.830	1.230	9.060	2	»	3
Pîtres	6.772	»	6.772	2	»	»
Porte-Joie	890	»	890	1	»	»
Poses	2.107	»	2.107	3	»	»
Saint-Cyr-du-Vaudreuil	9.432	1.990	11.422	6	1	6
Tostes	7.048	400	7.448	1	1	1
Tournedos-sur-Seine	820	»	820	»	»	»
Vatteville	512	»	512	»	»	»
(19 communes)	178.491	36.015	214.506	28	8	40

RÉCAPITULATION PAR CANTON

NOMS DES CANTONS.	ESTIMATION EN ARGENT des réquisitions et prestations de toute nature.	ESTIMATION DES PERTES résultant de dégâts, incendie, vols, pillage, etc.	TOTAL GÉNÉRAL.	NOMBRE DE MILITAIRES tués, ou morts des suites de leurs blessures, ou maladies, ou disparus.	BLESSÉS.	PRISONNIERS.
Amfreville-la-Ce. 24 com.	118.960	47.201	166.161	18	4	20
Gaillon .... 24 —	110.300	32.783	143.083	22	5	24
Louviers ...... 20 —	230.283	37.840	268.123	34	21	38
Neubourg ..... 24 —	173.721	16.263	189.984	25	7	15
Pont-de-l'Arche. 19 —	178.491	36.015	214.506	28	8	40
111 com.	811.755	170.102	981.857	127	45	137

APPENDICE

COMMISSIONS MUNICIPALES

LOUVIERS

MM. Prétavoine (André-Germain), maire.
Renault (Ambroise), premier adjoint.
Bricard (Jean-Edouard), deuxième adjoint.
Lhuillier (Henry-Charlemagne).
Tribout (Jean-Baptiste).
Poussin (Joseph-Alexandre).
Dannet (Charles).
Marquais (Charles-Félix).
Hélant (Amable-Delphin).
Marcel (Pierre-Léopold).
Audresset (Jules-Adolphe).
Porcher-Labreuille (Stanislas).
Marquet (Alphonse).
Petel (Prosper-Alphonse).
Petit (Pierre-Guillaume-François).
Baril (Jacques-Abel).
Jeufrain (Auguste).
Poitevin (Henry).
Chrétien (Fortuné).

MM. Breton (Léopold-Cléophas).
Chennevière (Eugène).
Fortier (Louis-Eugène).
Huvey (Georges).
Garnier (Louis-Magloire).
Frené (Charles-Paul).
Dannet (Georges).
Corneville (Pierre-Édouard).

PONT-DE-L'ARCHE

MM. Morel-Dubosc, maire.
Olivier (Jean-Baptiste).
Delapotterie (Alfred).
Fromont (Constant).
Grenier (Victor-Julien).
Casimir (Nicolas-Alexandre).
Romain (Félix-Eugène).
Gonnord (Amand).
Sorel (Étienne-Alexandre).
Morel (Éphraïm).
Hédouin (Pierre-Louis).
Dautresme (Henry).
Mesnil (Alphonse-Théodule).
Fumierre (André-Achille).
Delafleurière (Henry).
Ouin (Antoine).

GAILLON

MM. Leblanc (Félix-Marie), maire.
Billiet (Pierre).
Lefebvre (Pierre).
Fleury (André).
Thorel (Louis).

NEUBOURG

MM. Lenoble (Henri-Alphonse), maire.
Bucaille (Jean-Baptiste), adjoint.
Toufflet (Félix).
Poussin (François).
Houel (Charles).

AMFREVILLE-LA-CAMPAGNE

MM. De Blosseville (Ernest), maire.
Feugère (Louis-Adolphe).
Lemoine (Édouard).
Leblond (Théophile).
Duquesnay (Edouard).

GARDE NATIONALE MOBILE

1er BATAILLON DE L'EURE

COMMANDANT... M. Guillaume (de Fours).

1re COMPAGNIE (CANTONS D'ÉCOS ET DES ANDELYS)

Capitaine...... M. Méry.
Lieutenant..... M. Guillaume d'Auribeau.
Sous-lieutenant. M. Lachèvre (plus tard M. de Galembert).

2e COMPAGNIE (ÉTRÉPAGNY ET GISORS)

Capitaine...... M. de Sainte-Foix (plus tard M. Bourcy).
Lieutenant..... M. Vinot de Préfontaine.
Sous-lieutenant. M. Dubuisson.

3e COMPAGNIE (FLEURY ET LYONS-LA-FORÊT)

Capitaine...... M. Marie.
Lieutenant..... M. de Bourey (plus tard M. Lachèvre).
Sous-lieutenant. M. Foucaux.

4e COMPAGNIE (BEAUMONT-LE-ROGER)

Capitaine...... M. de Boisgelin.
Lieutenant..... M. Molroguier (plus tard M. de Ruel).
Sous-lieutenant. M. de Ruel (plus tard M. de Martiningue).

5ᵉ COMPAGNIE (AMFREVILLE ET NEUBOURG)

Capitaine...... M. Dabiel (plus tard M. Dubois).
Lieutenant..... M. Cirette fils.
Sous-lieutenant. M. Dubus.

6ᵉ COMPAGNIE (GAILLON)

Capitaine...... M. Lebugle (plus tard M. Dujardin).
Lieutenant..... M. Dujardin (plus tard capitaine).
Sous-lieutenant. M. Savignac (plus tard lieutenant).

7ᵉ COMPAGNIE (LOUVIERS)

Capitaine...... M. Lasne.
Lieutenant..... M. Dubois (plus tard M. Molroguier).
Sous-lieutenant. M. Billerey (plus tard M. Guibert).

8ᵉ COMPAGNIE (PONT-DE-L'ARCHE)

Capitaine...... M. Duvivier.
Lieutenant..... M. Périal.
Sous-lieutenant. M. Magnan.

GARDE NATIONALE DE LOUVIERS

Commandant... M. Poussin (Alexandre).
Porte-drapeau. M. Lhomme (François).

1re COMPAGNIE

Capitaine...... M. Bourard (Emile).
Lieutenant..... M. Beaussieu (Sénateur).
Sous-lieutenant. M. Laisné.

2e COMPAGNIE

Capitaine...... M. Breton.
Lieutenant..... M. Gastinne (Paul).
Sous-lieutenants. MM. Roussel (Etienne) et Pennelle.

3e COMPAGNIE

Capitaine...... M. Dubois (Henri).
Lieutenant..... M. Mallet.
Sous-lieutenants. MM. Allain et Félizet.

4e COMPAGNIE

Capitaine...... M. Plumey.
Lieutenant..... M. Mordret.
Sous-lieutenants. MM. Thiberge et Malassis.

5ᵉ COMPAGNIE

Capitaine...... M. Moret.
Lieutenant..... M. Prétavoine (Ernest).
Sous-lieutenants. MM. Doutté et Guttin.

6ᵉ COMPAGNIE

Capitaine...... M. Eudeline.
Lieutenant..... M. Huvey (Georges).
Sous-lieutenants. MM. Germaine et Roy.

SERVICE DE SANTÉ

Chirurgien..... M. Postel (Émile).
Aides-majors... MM. Lemercier et Guibert.

CONSEIL DE DISCIPLINE

Capitaine rapporteur. M. Guillard.
Lieutenant-secrétaire. M. Caron.

COMPAGNIE D'ARTILLERIE DE LOUVIERS
(EN FORMATION)

MM. Huvey, capitaine en premier.
     Mordret, capitaine en second.
     Biquet.
     Corneille.
     Moutard-Martin.
     Boudin.
     Meurdrac.
     Duvallet.
     Loyer.
     Vallée.

NOMS DES INDUSTRIELS QUI ONT COOPÉRÉ A LA
FABRICATION DES CANONS

MM.

Fondeurs... { Anfray, de Louviers.
Beziau, d'Elbeuf.

Charrons... { Petit-Roux, de Louviers.
Herché, id.
Prévost, id.

Tourneurs.. { Marquais, id.
Heudebert, id.

TABLE DES MATIÈRES

CONTENUES DANS CE VOLUME

Avertissement 1
Souvenirs historiques. 3
Émigration des populations des environs de Paris. . 6

PREMIÈRE PARTIE

LA DÉFENSE NATIONALE

La garde mobile. — Réunion à Louviers du 1er bataillon de l'Eure 9
Les Francs-Tireurs ou Éclaireurs volontaires de l'arrondissement de Louviers 27
Les Gardes nationales. — Armement des Gardes nationales. — Leurs campagnes. 40
Les Comités de défense 66
Artillerie de Louviers. 72

Administration et finances. — État moral des populations. 86
Les Commissions administratives. 88
Fermeture des caisses publiques, etc.. 90
Ouvriers et mendiants. — Dévastation des forêts. . 93
La charité publique et privée. 96

DEUXIÈME PARTIE

L'OCCUPATION

Occupation de Louviers. 99
Subsistances. — Nouvelles. 122
Journaux de l'Eure. 127
Les Prussiens au Neubourg 132
Occupation des communes situées entre Elbeuf et le Neubourg 140
Les Prussiens à Pont-de-l'Arche 144

ÉPILOGUE

Les Gardes mobiles 161
Les Francs-tireurs 172
Les mobilisés 184
Mobilisation de la gendarmerie. 188
L'ARMISTICE 191

VARIÉTÉS

Curiosités gastronomiques 207

Excentricités. — Scènes carnavalesques. — Escroqueries 212
Un fils du général Manteuffel 218
Les prisonniers de Thorn. 226
Affaire Bertout. 232

LA PAIX 237
Conclusion 238
Statistique des pertes résultant de la guerre 241

APPENDICE

Commissions municipales 249
Garde nationale mobile (cadres) 252
Garde nationale de Louviers (cadres) 254
Compagnie d'artillerie de Louviers (en formation). . 255

Évreux, A. Hérissey, imp. — 173.

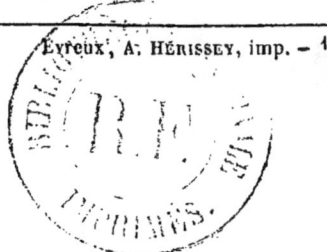

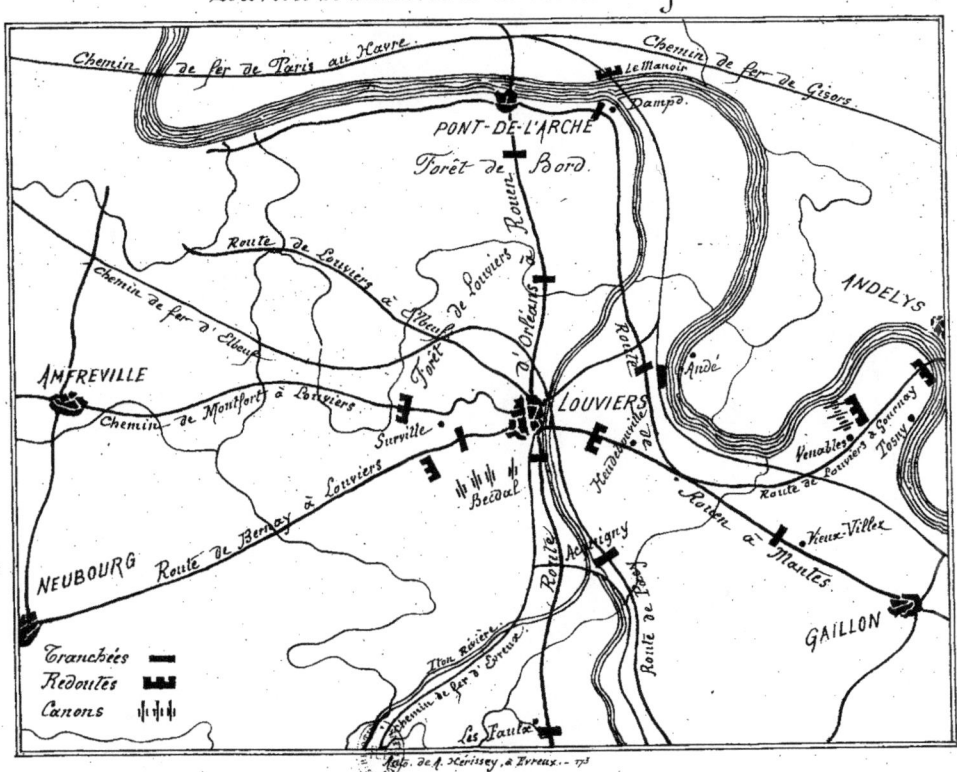